TRAITÉ

DE LA

MESURE

MUSICALE.

CANON,

à trois, quatre ou cinq voix, *ad libitum.*

TRAITÉ
DE LA MESURE,

OU

DE LA DIVISION DU TEMS

DANS LA MUSIQUE ET DANS LA POÉSIE.

DÉDIÉ

A S. A. S.

MADAME LA PRINCESSE DE BÉNÉVENT.

Par B. BONESI.

. . . . Ego nec studium sine divite vena ,
Nec rude quid prosit video ingenium.

Horat. de Art. Poet.

A PARIS.

Chez
{
L'Auteur, rue de la Lune , n°. 20.
H. J. Godefroy , Directeur de l'Imprimerie musicale ,rue Neuve des Petits-Champs , n°. 4.
Defresle , Libraire , Cloître St.-Honoré , n°. 15.
}

1806.

A S. A. S.

MADAME LA PRINCESSE DE BÉNÉVENT.

MADAME,

Votre goût éclairé pour les Arts m'a inspiré le desir de vous faire hommage de mon *Traité sur la Mesure Musicale.*

Votre bienveillance a daigné l'accepter.

Honoré de vos bontés, je leur devrai celles du Public, et je ne

cesserai d'en conserver la plus vive
reconnaissance.

Je suis avec un très-profond
respect,

M ADAME,

DE VOTRE ALTESSE SÉRÉNISSIME,

Le très-humble et très-
obéissant Serviteur,
B. BONESI.

INTRODUCTION.

Un Auteur (1) a dit que les Arts avaient be—soin, de tems en tems, d'être rappelés à leurs principes constitutifs.

C'est ce que nous nous proposons de faire à l'égard de l'Art musical.

Si l'observateur jette un coup-d'œil sur l'instabilité des choses et la variation des goûts ; s'il écoute les plaintes, et des vrais amateurs de cet Art, et des gens qui en sont le mieux instruits, et qui, sur-tout depuis un demi-siècle, s'accordent à dire (comme Boëce disait de son tems) (2)

------

(1) *Algarotti* Saggio sull' Opera.

(2) *Fuit verò pudens ac modesta Musica , dum simplicioribus organis ageretur. Ubi verò variè permixtèque tractata est , amisit gravitatis atque virtutis modum , et penè in turpitudinem prolapsa, minimum antiquam speciem servat.*

(Boetius introd. ad Music.)

3

que la Musique n'a plus les mêmes charmes et tombe en décadence ; s'il compare le mérite des ouvrages ; s'il considère les hommes d'un talent supérieur, dont le nombre diminue à mesure que nous avançons ; il sentira que la Musique a besoin, plus que jamais, d'être ramenée à ses anciens principes.

Mon penchant naturel m'a fait préférer cet Art aux autres ; cet Art que l'Histoire nous apprend avoir été en si grande considération (1), qu'on l'a regardé comme faisant partie de toutes les sciences (2) ; cet Art que les plus sévères Législateurs ont protégé (3) ; que les plus grands Philosophes ont aimé et cultivé (4) ; cet Art qui méritait à ceux qui l'avaient étudié, le nom de savans (5), et qui faisait traiter d'ignorans ceux

(1) Cic. 3 de Orat. Strabo lib. 1 et 10 de Geograp.

(2) Pythag. Archit. Aristox.

(3) Lycurgue.

(4) Pythag. Plat. Socrat. , aliique.

(5) Plato. lib. 2 de leg. Stoici plures.

qui l'avaient négligé (1) ; et plein de zèle, ainsi que du souvenir des douces jouissances que je lui dois, je me suis appliqué à remonter à sa source, pour découvrir l'origine des regles prescrites pour son exécution, et pour connaître les causes qui l'ont fait descendre du faîte de sa gloire, où tant de Grands Hommes l'avaient placé.

Une longue étude, dirigée par les maîtres des écoles les plus renommées d'Italie (2), m'a rendu familière la pratique de ces mêmes regles ; des entretiens réitérés avec les plus zélés théoriciens (3)

---

(1) *Cum se imperitum (lyræ) Themistocles confessus esset, ut verbis Ciceronis utar, habitus est indoctior.*

Fab. Quint. Instit. lib. 1 , **Cap. X.**

(2) *Angelo Cantoni*, de l'école de *Bernacchi*, fut mon maître de chant.

André Fioroni, élève de *Leo*, maître de Chapelle de la Métropolitaine de Milan, fut mon instituteur pour la composition pendant dix années consécutives.

(3) *Entre autres*, le **P. D. G. Sacchi**, connu par divers ouvrages sur la Théorie Musicale, aimait à me faire part de ses vues souvent trop profondes, et a en discuter avec moi les bases.

m'ont donné le goût et les moyens d'approfondir mon Art ; tous ces avantages m'ont ouvert la route dans laquelle je me propose d'entrer, et de conduire le Lecteur, s'il n'est pas déja effrayé, et s'il ose s'enfoncer avec moi dans le labyrinthe des regles musicales.

Né en Italie, il semblerait naturel que j'écrivisse dans ma propre langue, qui doit m'être plus familière : mais deux raisons, entre autres, m'ont fait choisir la Langue Française : d'abord elle est plus universellement répandue, et je puis, par cette raison, me rendre utile à beaucoup plus de monde ; en second lieu, fixé à Paris depuis plus de vingt-cinq ans, c'est un hommage que je rends à ma seconde Patrie.

J'aurai, sans doute, à me justifier de certaines expressions, mais je dois, à ce sujet, prévenir le Lecteur que la langue musicale est très pauvre ; je dis plus, que toutes les langues manquent de termes pour exprimer beaucoup de choses dépendantes de l'Art musical. Si Aristide Quintilien, qui a écrit en langue grecque, dans le tems où la Musique était fort simple, s'est vu obligé de se servir de termes inconnus (1) ; qu'on juge des difficultés que cette pénurie de termes techniques doit présenter à un écrivain moderne, dans un tems où l'Art s'est considérablement étendu, et où les mots ont perdu de leur nombre et de leur expression. J'ai donc quelque raison d'espérer qu'on ne sera pas trop sévère à mon égard, si profitant de la liberté que Cicéron accorde aux orateurs, je me suis servi de termes inusités, nouveaux ou empruntés (2).

---

(1) *Quod si incognitis quibusdam vocabulis utamur, veniam speramus. Hoc enim sermonis genere utendi necessitatem ipsa ars imponit.*   Arist. Quint. pag. 9.

(2) *Nam si res suum nomen et proprium vocabulum non habet. . . . necessitas cogit, quod non habeas, aliunde sumere.*   Cic. 3 de Orat.

Neque enim esse possunt, rebus ignotis, nota nomina ; sed cum verba aut suavitatis aut inopiæ causa transferre soleamus, in omnibus hoc sit artibus, ut, cum id adpellandum sit, quod propter rerum ignorationem ipsarum, nullum habuerit ante nomen, necessitas cogat aut novum facere verbum, aut a simili mutuari.   Id. in Orat.

On me reprochera, peut-être, de m'être quelquefois répété : dans les ouvrages du genre de celui-ci, qu'il me soit permis de le dire, la répétition est utile et même indispensable, lorsque ce que l'on a dit plus haut sert à faire mieux comprendre ce que l'on va dire, ou sert à le prouver par l'enchaînement des vérités. On sait que les vérités s'éclaircissent l'une par l'autre : Aristote en donne l'exemple dans sa Poétique.

Si quelques personnes trouvaient que j'ai fait un usage trop fréquent des citations, je leur répondrais, que les choses dont je traite dans mon ouvrage devant contrarier quelques opinions reçues, j'ai dû, nécessairement, les étayer de l'autorité des auteurs que nous sommes accoutumés à considérer comme nos maîtres, afin de persuader de la vérité, même les plus incrédules. Qu'on ne croie cependant pas que je veuille proposer quelque nouveau système musical. Je n'aurais pas le talent d'en inventer un, et la Musique, d'ailleurs, repousse tout système, hors celui qui lui est propre ; cet Art tient aux lois éternelles de la nature (1) , et ce sont ces lois que je me propose de développer : en un mot , je donne ici le résultat des observations de ma carrière musicale , et rien au-delà.

Deux choses sont remarquables dans chaque son qui se fait entendre , sa durée et sa gravité. Ces deux propriétés du son , quoiqu'inséparables l'une de l'autre , dérivent néanmoins de deux principes très-différens : la durée se déduit du laps de tems plus long ou plus court qui s'écoule ou passe tant que le son se fait entendre ; et la gravité dérive de l'action des organes ou des instrumens phisico-sonores qui produisent le son même, et le rendent plus grave ou plus aigu selon leur forme et leur dimension , et selon la tension ou la pression qu'on leur imprime. Les sons pour être harmonieux doivent, de nécessité, se correspondre l'un à l'autre dans certaines proportions , déter-

---

(1) *Musica ea est , ars æternis naturæ legibus adstricta , quam qui callebat , doctus idem ac sapiens et fortis habebatur.*

M. Meibomius introd. ad ant. mus.

4

minées d'après l'un et l'autre de ces deux principes. Ceux-ci étant, comme je le disais, de nature différente, ne peuvent point faire le sujet d'un
seul et même discours, sans risquer d'aller se
perdre dans la même confusion que tant d'hommes
célèbres par leur doctrine, n'ont su éviter, parce
que n'ayant pas fait la distinction des deux principes, ils en ont confondu les bases. Je ne parlerai donc, dans cet Ouvrage, que des proportions
qui dérivent de la division du tems, ou de la durée
des sons, communément appellée mesure.

Pour procéder avec ordre et avec le plus de
clarté possible, je diviserai ce traité en deux parties : la première sera destinée principalement à
considérer les sons par rapport à la Musique ; et
la seconde à les examiner par rapport à la Poésie. Je chercherai à établir, dans la première,
combien il y a d'espèces de mesures qui déterminent les diverses proportions sous lesquelles les sons
doivent se correspondre, selon la quantité de leur
durée, et selon l'ordre de leur mouvement ou de
leur marche progressive. Je dirai par quel moyen

les mesures se produisent et se font distinguer l'une de l'autre ; quelles sont leurs propriétés particulières ; de quelles modifications elles sont susceptibles , et de quelle manière , enfin , elles se varient. J'examinerai ensuite , dans la seconde partie , les mesures qui déterminent également les proportions sous lesquelles doivent se correspondre les sons dans la Poésie. Par là , nous pourrons découvrir l'origine du nombre poétique; quelle est la nature et la forme du vers , les modifications qu'il peut recevoir. Nous pourrons connaître également l'analogie et la correlation exacte de la Musique et de la Poésie , et en quoi consiste la différence des Poésies anciennes et modernes , ce que personne , à ma connaissance , n'a pu encore déterminer.

PREMIÈRE PARTIE.

De la division du tems dans la Musique.

CHAPITRE I.

UN tout harmonieux ne peut avoir lieu sans qu'on observe certaines lois et certaines proportions ; car qui dit harmonie suppose *ordre* et *liaison*. (1) Une série de sons, dont la marche ne serait pas réglée d'après ces mêmes proportions, ne produirait qu'un vain bruit qui fatiguerait l'oreille au lieu de la flatter. Les sons ont donc besoin, pour devenir harmonieux, d'être combinés de manière à former un tout parfait, et l'organisation de ce tout est l'objet de la *Musique*. J'appellerai, si l'on veut, ce tout un *Air*, un *Chant*: cet *Air*, ce *Chant* sera composé de *phrases*; ces phrases seront composées de *mesures*, et ces mesures seront composées de *tems*. Je dirai, dans cette première partie, combien il peut y avoir d'espèces de *mesures*, et de combien de *tems* ces mesures peuvent être composées; je ferai voir comment elles se for-

____

(1) Armonia, parola derivata dal verbo greco *armozin* significa propriamente *concordare*, *connettere*.

Metast. Extrat. delle Poet. d'Aris.

A

ment ou ce qui les détermine, comment on peut les distinguer, enfin comment on les varie.

On sait que les séries des nombres sont pairs ou impairs, que le premier et le plus simple des nombres pairs est *deux*, et que le premier et le plus simple des nombres impairs est *trois*. Les deux espèces de mesures, qu'on emploie dans la Musique, dérivent de ces deux séries, ou, pour mieux dire, leur appartiennent; l'une est à deux, et l'autre à trois tems.

Une note seule, de quelque figure ou valeur qu'elle puisse être, ne peut pas former une mesure; elle pourra bien avoir une valeur de tems équivalente à une mesure donnée, mais elle ne pourra jamais constituer une véritable mesure : car la mesure est composée, elle est divisible, et elle a ses proportions; et toute proportion exige au moins deux termes: or, un son ne fournit qu'un seul terme, parce qu'il est indivisible (1). Mais une unité, ne donnant qu'un

---

(1) Primum igitur tempus est indivisibile et minimum, quod et signum adpellatur. Voco minimum, respectu ad nos habito, quod primum à sensu potest percipi : signum vero vocatur, quod istud tempus sit indivisibile ; quemadmodum et geometræ id, quod apud ipsos partibus caret signum adpellarunt. Hoc autem partibus carens tanquam unitatis locum obtinet. Spectatur enim in dictione circa syllabam : in cantu circa sonum, aut circa unum intervallum : in corporis motu, circa unam figuram.

Arist. Quint. p. 6.

terme, a besoin, pour former une proportion, d'être mise en rapport avec une autre unité : elle donne alors le premier nombre simple de la série pair, c'est-à-dire, le nombre deux. Si à ce nombre deux on ajoute une autre unité, on aura le premier nombre simple de la série impair, c'est-à-dire, le nombre trois. Nous trouvons donc deux espèces de mesures, ni plus ni moins. Il sera donc toujours vrai qu'une seule note, quelle qu'elle soit, ne pourra jamais constituer une mesure ; car l'unité appartenant également aux deux proportions pair et impair, il faut, pour avoir une mesure, que d'autres notes viennent déterminer la proportion à laquelle cette note isolée appartient.

Ce principe incontestable posé, s'il est évident qu'il ne peut y avoir de mesure au-dessous de deux tems, il n'est pas moins certain qu'il ne peut y en avoir au-dessus de trois. Sans doute la série des nombres pairs et celle des nombres impairs sont infinies ; mais la différence qui existe entre le premier nombre de chaque série et ceux qui le suivent est très grande ; parce que le premier qui est l'origine et le type des autres, est un nombre simple dans son genre, et que

---

Par le mot de *tems* ou *d'intervalles* on doit entendre une portion de durée mise en rapport avec une autre, et non un tems fixe et invariable ; car la durée des tems varie.

A 2

les autres sont un peu plus ou un peu moins composés : or comment arriverait-il que les propriétés et les prérogatives qui appartiennent aux premiers nombres de ces séries fussent communes à tous ceux qu'ils engendrent? comment ces nombres composés pourraient-ils produire un effet également agréable, en s'éloignant de leur source, dans la Musique surtout, où l'on recherche si soigneusement une extrême simplicité, afin que les nombres se réduisent à l'unité et ne se confondent pas?

Ajoutons à cela que le premier nombre composé de la série pair est quatre; que le premier de la série impair est cinq : or le quatre contient deux fois le premier nombre pair deux; il forme donc deux mesures à deux tems et non une mesure à quatre tems : le nombre cinq contient les deux proportions pair et impair à la fois; par conséquent une mesure à deux tems, et une mesure à trois tems; il ne fournit donc pas une seule mesure, car une mesure qui contient deux proportions, ou deux systêmes différens, n'est pas admissible. Ajoutons encore que, si l'on accordait au premier des nombres composés pair ou impair la faculté de produire une mesure, il n'y aurait pas de raison pour que le second et le troisième ne jouissent de la même prérogative, et les espèces de mesures se multiplieraient à l'infini comme les nombres, ce qui répugne.

CHAPITRE II.

De l'Accent.

Il y a nécessairement dans chaque mesure un tems plus sensible que les autres. S'il en était autrement, il n'y aurait aucune différence entre une espèce de mesure et une autre, et nous n'aurions aucune manière de mesurer le tems dans la musique. D'abord il n'y aurait aucune différence entre une espèce de mesure et une autre mesure, parce que le même chant que je mesure de trois en trois tems, un autre pourrait également le mesurer de deux en deux tems. Ensuite nous n'aurions aucune manière de mesurer le tems dans la musique ; parce que le tems dans la musique se mesure en comparant la seconde mesure avec la première, la troisième avec la seconde, et ainsi de suite. Si l'on trouve que la seconde est égale à la première, on dit que la musique marche en mesure, et si on ne la trouve pas égale, on dit que la musique ne va pas en mesure. Or, comment cette comparaison pourrait-elle avoir lieu si les termes, où les mesures s'accomplissent, n'étaient fixes et stables ? ou si, étant fixes et stables, ils n'étaient pas sensibles pour l'oreille qui doit les apprécier? Il y a donc dans chaque mesure une certaine force naturelle, qui se fait plus sentir sur un tems que sur les autres, et qui le rend plus remarquable et plus sensible, que ceux sur lesquels elle ne se fait pas sentir. C'est cette force, imprimée sur un tems plutôt que sur les autres, qui fixe les limites où les mesures s'accomplissent, et qui les rend distinctes les unes des autres à l'oreille, de manière à ne jamais s'y tromper.

On est convenu d'appeller cette force *accent*, et les notes se divisent en notes *accentuées* et *non accentuées*. Les notes accentuées sont nommées le *tems fort* de la mesure, les non accentuées en sont le *tems faible* (1). On est convenu encore que la note accentuée s'écrira toujours la première après chaque barre; de là vient qu'on a contracté l'habitude de l'appeller le premier tems de la mesure, quoique souvent elle n'en soit que le second, ou le dernier.

La force de l'accent est telle qu'à moins d'être mal organisé, l'on ne peut s'empêcher d'y être sensible; mais s'il est aisé de le reconnaître et de le distinguer par le sentiment, il est difficile de le définir et d'en

---

(1) On distingue dans une mesure un tems fort et un tems foible ; le tems fort est celui du frappé, le foible, celui du levé. De sorte que dans une mesure à trois tems il y a deux tems foibles.   *D'Alembert, liv.* 3, *chap.* 2.

(7)

expliquer la nature. Les ouvrages sans nombre qui ont traité de l'accent ne paraissent guere avoir atteint leur but, s'ils n'en ont pas rempli un très opposé. Déja du tems d'Aristoxène, la musique avait eu le sort de beaucoup de choses qu'on embrouille à force de vouloir les éclaircir (1).

En cherchant à assigner l'origine de l'accent, le P. Sacchi croit pouvoir la trouver dans la volonté du compositeur, puisqu'il place les notes accentuées où l'accent doit avoir lieu, et de ceux qui exécutent la composition, puisqu'ils donnent plus de force à ces mêmes notes. Cela est vrai quant à l'effet, mais cela ne nous explique pas la cause ; c'est bien la conséquence, mais ce n'est pas le principe. S'il en était ainsi, tout chant pourrait s'écrire et s'exécuter indifféremment sur telle ou telle mesure; ce qu'on sent bien n'être pas praticable. L'accent existe dans la composition avant qu'elle soit notée sur le papier; il est inhérent aux idées qui se présentent à l'imagination, et leur imprime un caractere propre à chacune : c'est ainsi que l'esprit peut les saisir, et que la mémoire

---

(2) Cum vero in cantus constitutione ordo sit admirabilis, confusionis tamen summæ notam musicæ inurere quidam non dubitarunt propter illos qui hanc doctrinam dilucidandam susceperant. Neque vero ex sensibilibus ullum est, quod tanto atque tali ordine fit conspicuum.   *Aristox. harmonic.*

A 4

les retient. Au moment même où l'idée naît accompagnée de l'accent qui lui est propre, le compositeur juge de l'effet qu'elle doit produire, comme si les sons qui doivent l'exprimer, frappaient son oreille (1). Par là, il se décide à l'employer ou à l'abandonner. Vouloir changer l'ordre des accens ce serait substituer une autre idée à la première qui s'est présentée (2). Le compositeur est donc, pour ainsi dire, entraîné, maîtrisé par une impulsion naturelle et irrésistible dans le placement des accens, et toute la liberté dont il jouit se borne au choix des idées dont il trace l'image sur le papier. Ne voyons nous pas tous les jours des personnes qui ne savent pas la Musique, chanter et placer très à propos les accens dans leur chant, sans savoir ce que c'est qu'un accent? La

---

(1) L'accent propre à l'idée se porte naturellement sur le son qui doit la rendre.

(2) Les idées musicales se distinguent entr'elles par la différente distribution des accens, cependant des sons diversement combinés peuvent, jusqu'à un certain point, les modifier ; le premier de ces effets appartient à la nature, le second appartient à l'art. Qu'on transpose un air d'un ton à un autre, on change tous les sons, et cependant on ne change point les idées, parce que l'ordre des accens y est conservé ; mais qu'on change cet ordre, tout en conservant les mêmes sons, les idées ne seront plus les mêmes.

position de l'accent, rigoureusement parlant et quant au principe, ne dépend donc ni de la volonté du compositeur, ni de la volonté de celui qui exécute; tous les deux, chacun en ce qui les concerne, et trop souvent sans le savoir, se conforment au vœu de la nature. Si l'un d'eux, soit par caprice, soit par défaut de sentiment ou d'instruction, contrarie ce vœu, résiste à cette impulsion naturelle, le chant n'a plus ni sens ni suite, et l'exécution ne rend pas les idées tracées sur le papier.

L'accent est donc imprimé aux sons par la nature elle-même, et de telle manière que l'homme ne peut pas en exprimer deux ou trois de suite et d'un seul trait, ni tous accentués, ni tous sans accent. Quelqu'effort que l'on fasse, il s'en trouvera toujours un plus fort et plus sensible que les autres, et le plus fort aura l'accent, comparé au plus faible; car la nature prévoyante n'a pas tellement limité la force de l'accent qu'elle dût toujours être la même; sans doute afin que l'art, ou plutôt le sentiment guidé par l'art, fît un usage convenable des modifications dont elle l'a rendu susceptible pour exprimer les différens effets qu'il doit produire. Elle ne lui a pas non plus fixé une place invariable, afin que la multiplicité de ses rapports facilitât l'harmonie.

L'accent est donc une certaine force ou impulsion naturelle , qui par une sage distribution fait un tout régulier et agréable, de ce qui sans elle ne serait qu'informe et confus. C'est l'élément de la mesure, et il faut le regarder comme l'origine et le régulateur de l'harmonie musicale, non-seulement parce qu'il ne peut y avoir de mesure sans accent, de musique sans mesure, ni d'harmonie sans proportions, mais encore parce que le charme et les effets résultant de cette même harmonie dérivent en grande partie et pour la plus grande partie de la combinaison des accens (1).

Le P. Sacchi distingue l'accent en *majeur* et *mineur*. Selon lui l'accent majeur constitue la mesure simple, et le mineur constitue la mesure composée, ou, pour mieux dire, les tems subdivisés de la mesure. Il avoue cependant que la différence entre l'accent majeur et mineur est impossible à déterminer, la nature en cela n'ayant donné à personne la règle du plus ou du moins: pour moi, je crois, que la nature a mieux fait, et qu'elle nous a doués d'un sentiment capable de nous faire apprécier les nuances les plus délicates entre les accens; et c'est précisément parce que ces nuances sont très délicates et surtout très nombreuses, que je ne me permettrai pas, comme cet homme célèbre, d'en faire deux classes

---

(2) Ce que nous disons de l'harmonie musicale doit s'appliquer à l'harmonie poétique, comme nous le ferons voir dans la deuxième partie de cet ouvrage.

bien distinctes. Une pareille distinction limiterait la puissance de l'accent à deux seuls degrés *majeur* et *mineur;* ce qui est contredit par le raisonnement, et encore plus par l'expérience. Encore une fois, la nature n'a point limité la force de l'accent; cette force peut avoir autant de modifications qu'il existe de degrés de sons depuis le plus faible jusqu'au plus fort. Quelque faibles que puissent être des sons, la force de l'accent dans ceux qui la recevront, sera toujours proportionnée à leur faiblesse, et l'oreille n'en perdra aucun. Cette même force sera plus ou moins sensible selon l'expression qu'exigera le morceau de musique. C'est à l'emploi bien dirigé de ces nuances qu'on connaît le vrai talent du musicien, et c'est par elles qu'il produit les effets admirables dont il s'est rendu le maître. Mais cette science ne peut s'acquérir que par un long exercice fondé sur les bases d'une bonne école et sur l'imitation constante des meilleurs modèles.

Plusieurs écrivains veulent absolument qu'il y ait même trois espèces d'accent qu'ils appellent *aigu, grave* et *circonflexe,* d'autres *long* et *bref,* d'autres *renforcé, traîné,* etc. Sans s'en appercevoir, ils attribuent exclusivement à l'accent ce qui est commun à tous les sons (1). Personne n'ignore que ceux-ci s'ar-

---

(1) Ce qui occasionne cette erreur si accréditée, c'est qu'on

ticulent de deux manières bien différentes, dont chacune cependant se rapproche souvent de l'autre au point de se confondre avec elle. L'une consiste, comme on dit, à détacher les sons, l'autre à les lier. Chaque manière est souvent indiquée par des mots, comme *staccato*, *legate*, *martellate*, ou bien par un signe qui lui est propre. Les notes détachées dans l'articulation, laissent, par la manière dont elles le sont, laissent, dis-je, entr'elles un intervalle, de sorte qu'elles paraissent brèves, comparées à celles qui sont liées, et qu'une manière d'articuler contraire fait paraître plus longues, quoique leur quantité soit rigoureusement la même (1).

On conçoit que ces deux articulations opposées doivent produire à l'oreille deux sensations bien différentes, et que leur effet doit se faire mieux sentir sur les notes accentuées. Non que le même effet ne soit commun à toutes les autres notes, non que cet effet soit produit par l'accent, mais parce que les notes accentuées, étant plus remarquables, leurs

---

s'obstine à prendre les différentes manières d'articuler pour autant d'accens, soit dans la musique, soit dans le discours.

(1) L'on pourrait comparer ces effets à ceux de la perspective qui change les formes des objets sans altérer leur nature ; les uns et les autres sont pour nous une source abondante de plaisirs, et cette magie étend notre domaine dans les arts.

nuances sont plus sensibles. Les théoriciens, trompés par les apparences, et faute de s'être bien rendu compte à eux-mêmes des effets, et surtout de leurs causes, ont cru découvrir deux sortes d'accent : puis confondant avec la mesure ce qui est le propre de l'harmonie, ils ont voulu à toute force indiquer la manière de les former.

Ils disent, en conséquence, que l'accent *aigu* se fait en élevant le ton de la voix, et l'accent *grave* en le baissant. Si l'on admettait cette hypothèse, il en résulterait deux conséquences assez embarassantes, la première qu'il serait très difficile de ne pas toujours faire des accens; la seconde, qu'il faudrait détonner pour former des accens. En effet, s'il était vrai que l'accent *aigu* se fît en élevant le ton de la voix, et l'accent *grave* en le baissant, il serait vrai aussi que toutes les fois que la voix monte ou descend on ferait des accens : de même, lorsqu'il se rencontrerait plusieurs notes de suite sur la même ligne, aucune ne pourrait avoir l'accent sans qu'on faussât l'intonation, parce que pour produire un accent *aigu* il faudrait élever le ton, ou le baisser pour en produire un *grave*; de sorte que dans l'un et l'autre cas on serait forcé d'altérer le ton, et par conséquent de chanter faux. Dira-t-on que la différence du ton, en plus ou en moins, n'est pas aussi grande que je la suppose? Mais de deux choses l'une : ou la différence dans l'itonation est sensible, ou elle ne l'est pas? Si elle ne l'est pas, elle est nulle, et ne peut produire aucun effet, si elle l'est, l'intonation devient nécessairement fausse.

Je reprocherais presque au P. Sacchi, dont les idées d'ailleurs sont si profondes et si saines, et qui a déterminé mieux que personne les propriétés et les prérogatives de l'accent, je lui reprocherais, dis-je, d'avoir voulu, à l'exemple de ces théoriciens que je viens de combattre, admettre encore, outre l'accent *majeur* et *mineur*, deux autres sortes d'accent qu'il nomme *accento di rinforzo e di produzione*. Il prétend que les chanteurs et les joueurs d'instrumens sur lesquels on peut faire sentir les *doux* et les *forts*, expriment l'accent en donnant plus de vigueur et de vivacité aux notes accentuées; que sur les instrumens ou le *piano* et le *forte* ne peuvent pas se faire sentir, ils donnent un peu plus de valeur de tems à ces mêmes notes. Nous voilà placés, par les théoriciens, entre deux écueils inévitables; car, dans l'opinion des premiers, comme je l'ai dit plus haut, nous ne pourrions former d'accent sans fausser l'intonation, et dans l'opinion de ceux-ci, nous ne le pourrions sans fausser la mesure. Mais telle est la force de la vérité pour ceux qui la cherchent de bonne foi, comme le P. Sacchi, que la manière même dont il s'explique prouve qu'il sent l'objection qu'on peut lui faire ; *la differenza è minima,* dit-il , *e se molta fosse sarebbe viziosa.* A quoi je réponds, comme je l'ai déja fait, que cette différence, quelque petite qu'on la suppose, fera commettre une faute, et que si elle n'est pas sensible, elle sera nulle, et ne produira pas l'effet dont on parle. J'opposerai encore le P. Sacchi à lui-même, car il dit : *que l'on observe avec attention, un claveciniste, on verra qu'il presse les touches avec plus de force sur les notes accentuées, mais,* ajoute-t-il, *où le doigt presse le plus, il y demeure aussi plus long-tems.* C'est donc en donnant plus de force aux notes, ou, comme le dit mieux Tartini, par des percussions plus fortes qu'ils forment les accens (1). En effet quoique le clavecin, comme tout autre instrument du même genre, ne permette pas à celui qui le joue d'augmenter

---

(1) Ho osservato più volte io stesso i balli Popolari , e Contadineschi, diretti da un Cembalo : Stromento, com' Ella sa , senza suono, e che (non posso dire si suona) si tratta dalla mano sottoposta a forza di sole percussioni. Tre cose ho rilevato ad evidenza ; percussioni maggiori, e minori, equivalenti a lunghe , e brevi ; relazione esattissima alle due misure musicali, di tempo alla breve, e di tripla ; le percussioni maggiori sempre nel principio della misura relativa. Giacchè tal occasione qui , e in villa è frequente, ella Sig. Conte non la perda, e osservi; avrà meraviglia e piacère di tanta precisione.　　*Tartini Trattato di Mus. pag.* 117.

considérablement les sons, il n'en est pas moins vrai cependant qu'en frappant plus fortement sur une touche, la vibration de la corde s'en ressent, et donne un son un peu plus fort que lorsque la percussion est plus faible. Or, si la prolongation dē la durée avait la prérogative de produire l'accent, il est clair que plus les notes seraient prolongées, plus les accens auraient de force; mais l'expérience démontre le contraire; car dans une mesure à trois tems, composée d'une noire et d'une blanche, la noire est accentuée, parce qu'elle occupe le tems fort, et la blanche ne l'est pas, quoique sa quantité, par conséquent sa durée, soit double.

D'après ce que je viens de dire, je crois pouvoir conclure que l'*accent* est d'une seule et même nature, qu'il se produit lui-même, c'est-à-dire, qu'il est lui-même la force qui le produit, puisque sans cette force il n'existerait pas : que les degrés de sa force sont tellement multipliés qu'ils se dérobent à toute appréciation, à toute espèce de calcul, et que le sentiment seul peut nous les faire saisir et nous les faire distinguer. J'en conclus encore que l'accent se fait indifféremment sur tous les sons graves et aigus; que toutes les manières dont les sons se profèrent et s'articulent, sont indifférentes à la nature de l'accent, puisqu'il se combine également avec toutes, qu'il les régularise, qu'il leur donne pour, ainsi dire, la forme (1),

mé (1), comme il en prend les couleurs, de telle manière que de leur action réciproque il résulte un ensemble précieux, un commun accord, tant dans les
proportions qui font naître l'harmonie et la varient;
que dans les modifications des sons et dans les inflexions de la voix; qu'elles mêmes se dérobent à
toute espèce de calcul, parce qu'elles sont aussi nombreuses qu'il y a d'effets à produire et de passions à
exprimer.

---

(1) Voyez le premier chap. de la 2e. partie.

B

CHAPITRE III.

Du Rythme.

Le mot Rythme, d'origine grecque, a passé successivement dans les langues latine et modernes. Il est peu usité parmi nous, peut-être parce qu'il ne présente pas un sens bien déterminé. Les mêmes auteurs grecs qui ont écrit sur la musique, lui donnent plusieurs significations, mais qui toutes se rapportent à la mesure musicale. Chez eux Rythme signifie quelquefois la mesure prise en général, c'est-à-dire, une mesure quelconque; quelquefois un ouvrage qui se compose de mesures, ou de tems mis ensemble avec quelque ordre (1).

---

(1) Rhythmus igitur est qui constat temporibus aliquo ordine conjunctis. Horum temporum alia rhythmum habentia dicuntur; alia rhythmo carentia; alia rhythmi speciem habentia. Et quidem rhythmum habentia, quæ in aliqua ratione mutuum inter se ordinem servant; uti in duplà, sescuplà, id genus aliis. Ratio enim est duarum magnitudinum dissimilium inter se habitudo. Rhythmo carentia quæ penitus sunt inordinata, et absque ratione connexa. Rhythmi speciem habentia, quæ inter hæc interjiciuntur, atque,

(19)

On distingue trois combinaisons de tems. La première a lieu lorsque les tems ont un rythme, c'est-à-
dire lorsqu'ils conservent entre eux un certain ordre.
La seconde, lorsqu'ils manquent de rythme, c'est-à-
dire, lorsqu'il n'y a entre eux ni ordre ni liaison.
La troisième enfin, lorsque les tems ont une apparence de rythme, c'est-à-dire, lorsqu'ils participent
de l'ordre de ceux qui ont un rythme, et de la confusion de ceux qui n'en ont point.

Le mot Rythme était encore employé pour indiquer les phrases du chant, comme faisant partie de
la totalité d'un rythme. Mais pris dans son sens
propre, et le plus usité chez les Anciens, il signifie
particulièrement l'ordre du mouvement déterminé de
telle ou telle manière, soit dans les paroles, soit dans le
chant, soit encore dans les mouvemens du corps (1).

---

interdum ordinis rhythmum habentium, interdum confusionis
rhythmo carentium sunt participantia. Horum rursus alia rotunda
vocantur, quæ plus quam oportet percurrunt; alia abundantia,
quæ jam magis tarditatem per compositos sonos efficiunt.

Aristides. Quint. p. 31.

(1) Quid est rhythmus? Temporis commensuratio, facto quodam certo motu. Secundùm Phædrum verò, rhythmus est syllabarum aliqua ratione inter se constitutarum metri particeps positio. Secundùm Aristoxenum : tempus divisum in unoquoque
quod rhythmum suscipere potest. Secundùm Nicomachum : tem-

Le mouvement dans la mesure peut donc être considéré sous trois rapports : 1°. le nombre des divisions ou des sons qui composent la mesure, que l'on nomme *tems* : 2°. le degré de vîtesse ou de lenteur imprimé à ces *tems* ou à ces sons : et 3°. enfin l'ordre dans lequel ces *tems* sont placés ou distribués entre eux, comme lorsque le *tems* fort est avant les *tems* faibles, ou bien le *tems* faible avant le *tems* fort. C'est ce dernier rapport, cette position déterminée des tems, ou cet ordre observé entre eux que les anciens ont nommé particulièrement Rythme, et que nous pourrions appeller la marche déterminée de la mesure.

Cette marche déterminée ou cet ordre des tems est combiné par la nature de cinq manières : de deux manières dans la mesure pair ou à deux tems, et de trois manières dans la mesure impair ou à trois tems, d'où il résulte cinq sortes de Rythmes primitifs ou réguliers. La mesure pair contenant deux divisions, deux notes, ou deux sons, comme l'on voudra, l'ordre du mouvement s'y combine de deux manières ; la

---

porum ordinata compositio. Secundum Leophantum : temporum compositio per proportionem et commensum inter se spectatorum. Secundùm Didymum : certæ ejusdem vocis figura. Vox itaque certo quodam modo figurata rhythmum efficit. Atque ita fieri amat aut in verbis ; aut in cantu ; aut etiam in corporis motu.

Bacchii senioris harm.

première quand la *force* ou la *percussion* de l'accent
se fait sentir sur la première de ces deux divisions ;
ou, pour parler le langage reçu , quand la mesure
commence par le tems fort, et finit par le tems faible ;
la seconde quand la mesure commence par le tems
faible et finit par le tems fort.

Rythmes binaires.

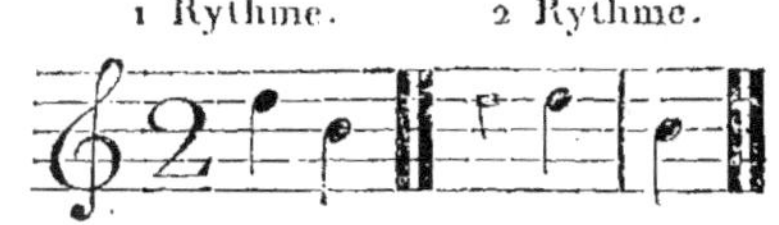

La mesure impair contenant *trois divisions*, trois
notes, ou trois sons, l'ordre du mouvement s'y com-
combine de trois manières. La première quand elle
commence par le tems fort et finit par les deux tems
faibles ; la 2ᵉ. quand elle commence par les deux tems
faibles et finit par le tems fort ; la 3ᵉ. enfin quand elle
commence sur un tems faible et finit de même sur
un tems faible ; car alors l'accent se fait sentir sur le
second tems de la mesure.

Rythmes ternaires.

Les rythmes propres à la mesure pair peuvent être transportés dans la mesure impair, et réciproquement. Ils l'étaient toujours chez les anciens qui n'auraient pu faire autrement, vu leur manière de noter la musique. Nous en faisons usage aussi, mais sans nous en rendre compte, et par conséquent sans règle (1). La facilité avec laquelle nous notons la musique, nous a rendus paresseux, et nous a fait omettre ou négliger bien des choses plus importantes qu'on ne pense, mais dont ce n'est pas ici le cas de parler.

La transposition d'un rythme propre à une mesure ne peut se faire à une autre mesure, sans qu'une des divisions ou notes, sans qu'un des tems de cette mesure n'ait la double quantité des autres ; que cette quantité soit exprimée par la note qui la représente naturellement, ou par un signe équivalent, tel qu'un soupir pour une noire, et ainsi proportionnellement. La note de valeur double, qu'exige la quantité de la mesure, se place ordinairement sur le tems fort. Cette règle était de rigueur chez les anciens (2), nous

---

(1) L'ignorance complette de cet échange a empêché jusqu'ici les modernes de saisir ce qui constituait la différence entre les poésies anciennes et modernes, c'est-à-dire, la transposition des deux espèces de rythmes d'une mesure à l'autre.

(2) Les anciens ne faisaient usage dans la musique, comme dans la poésie, que de quatre rythmes, cela tenait à leur ma-

ne sommes pas tenus de l'observer : seulement il faut avoir égard à l'expression, ou au genre d'expression que l'on veut donner au chant, et à la combinaison des proportions qui en dépendent.

Pour se former une idée claire de cette transposition de rythmes, on n'a qu'à comparer les exemples suivans.

Premier Rythme binaire.

Transposé.

Deuxième Rythme binaire.

Transposé.

---

nière de noter la musique, et non pas à la pauvreté de leurs langues.

B 4

Premier Rythme ternaire.

Première transposition.

Deuxième transposition.

Troisième transposition.

Les mêmes transpositions ont lieu quand la mesure est réellement à deux tems.

Deuxième Rythme ternaire.

Transposé.

Troisième Rythme ternaire.

Transposé.

Il résulte de tout ce que nous avons dit, que dans le chant ce n'est pas la quantité qui produit le Rythme, mais la position des accens, ou l'ordre du mouvement déterminé par les percussions de l'accent, ce qui est la même chose. En conséquence, tant que cet ordre sera conservé, quelle que soit la quantité des notes, on conservera l'identité des idées dans le chant. Ces altérations en plus et en moins que reçoit la quantité, ne font que varier les formes et les couleurs de cette idée, et la rendre susceptible, par-là, de se présenter sous plusieurs aspects, et de se prêter aux diverses expressions qu'on veut lui donner. Ceci nous explique comment il arrive que des personnes sans instruction et sans connaissances musicales, forment des chants rythmiques très agréables, tandis qu'on essayerait en vain de les assujétir à l'exactitude qu'exige la quantité de la mesure. C'est par la même raison que l'on retient très - facilement le chant d'un Air, et que l'observance exacte de la quantité est si difficile que la moindre distraction la fait manquer même aux gens de l'art les plus exercés. En deux mots, dans les cas que nous venons de citer, le Rythme s'observe, se retient, et se conserve facilement, parce qu'il est produit par l'accent qui lui même est donné par la nature, tandis que la quantité est une chose de convention, l'ouvrage de l'art, et c'est pour cela qu'on n'en devient maître que par une longue habitude.

CHAPITRE IV.

Des Phrases.

J.-J. Rousseau dit : « De même que la science de
» la perspective et du clair obscur a été le dernier pas
» vers la perfection de la Peinture, de même la dé-
» couverte de la phrase musicale, de son ensemble,
» de ses proportions et de ses détails nous paraît-elle
» être le *maximum* et le dernier effort de l'Art des
» Musiciens. »

Cette assertion est vraie, mais je ne vois pas que l'on
se soit beaucoup occupé de nous expliquer ce que
l'on doit entendre par ces mots *ensemble, proportions, détails* des phrases. Personne, que je sache,
ne s'est occupé d'éclaircir cette partie de l'art ; je vais
donc tâcher de remplir le vide que les Théoriciens
ont laissé.

D'abord il faut bien se garder de confondre les
phrases avec les *périodes.* Quoique toutes les deux
soient le complément d'un sens musical, elles diffèrent néanmoins essentiellement entre elles. La *période* est un sens complet, ou, si l'on veut, un tour

achevé de l'harmonie. Je ne m'en occuperai pas. La phrase est une portion du Rythme, ou un sens completté par la mesure. Les périodes n'ont pas de bornes fixes, et se composent d'un nombre indéterminé de phrases; celles-ci, au contraire, ont des proportions déterminées, et se composent d'un certain nombre de mesures : la chute d'une période entraîne la fin d'une phrase; mais les phrases finissent sans que la période soit achevée.

La phrase est, par rapport à la durée des sons, la proportion la plus étendue d'un ensemble harmonique; or, toute proportion ayant ses limites, la phrase devra se renfermer dans celles qui lui sont propres, c'est-à-dire, dans un nombre déterminé de mesures (1).

Nous avons vu que le Rythme est une série de mesures, marchant dans un certain ordre, à laquelle il n'est fixé aucun terme; les phrases, pour me servir de l'expression d'Aristote, en sont *comme des portions*

---

(1) Le nombre des phrases n'est point limité dans un morceau de Musique; il dépend de la volonté du Compositeur. Il n'est pas de rigueur non plus que les phrases ayent toutes la même dimension; celles qui marchent dans les mêmes proportions peuvent se succéder : mais on sent qu'un mélange continuel de phrases de plusieurs espèces produirait un effet détestable. Une phrase contenant un sens complet peut subsister toute seule.

(29)

ou des parties qu'on en a coupées. Ces portions ou parties de rythme ne peuvent contenir moins de trois mesures, parce que deux mesures donnent bien le commencement d'une série, mais elles ne forment pas une série (1). La phrase, qui est une portion du rythme, ne peut donc avoir moins de trois mesures; et pour mieux la définir, je dirai que la phrase est une série limitée de mesures qui par un retour successif forme la totalité du rythme qui produit un morceau complet d'harmonie ou de musique. Voilà donc le *minimum* d'une phrase établi; il est aussi aisé d'en établir le *maximum*. Il est hors de doute que la phrase, étant une portion harmonique donnée par la nature, doit nécessairement se présenter sous l'idée d'un tout indivisible dans son genre, sans quoi ses limites seraient vagues, et sans limites précises plus de proportion. Or plus de cinq mesures réunies ne nous présentent point un tout indivisible, car l'on ne pourrait trouver aucun motif de liaison dans une succession continue de six mesures, pourquoi? parce que la première, comme la seconde partie de ces six mesures, nous offre une phrase complette, et qu'en

---

(1) Deux mesures n'offrent qu'un mouvement déterminé, puisque la première a besoin de la deuxième pour être décidée, comme nous l'avons dit : il en faut donc trois pour avoir deux mouvemens déterminés qui sont l'élément le plus simple d'un rhythme.

se réunissant elles ne peuvent ni l'une ni l'autre acquérir aucune prérogative qu'elles n'eussent déja séparément. D'ailleurs si une proportion peut atteindre deux fois son nombre productif, il n'y a pas de raison pour qu'elle ne se prolonge à l'infini, ce que nous avons démontré impossible. Mais cinq mesures se présentent sous l'idée d'un tout indivisible dans son genre, parce que si je les divise en deux parties, la plus forte me donne une série ou une phrase complette de trois mesures, et la plus faible ne me donne que le commencement d'une série ou d'une phrase; d'où il suit que cette dernière, par sa nature même, se joint à la première, et forme avec elle le tout dont nous parlons. Une phrase ne peut donc être composée ni de plus de cinq mesures, ni de moins de trois.

Il suit, de ce que nous venons de dire, que chaque rythme contient trois phrases de différente dimension, c'est-à-dire, de trois, de quatre et de cinq mesures. Or, les rythmes étant au nombre de cinq, il faut en conclure que les phrases musicales sont au nombre de quinze. On trouvera dans la 2e. partie de cet ouvrage un exemple de chacune d'elles; je me bornerai ici à en placer un seul. Ce fragment est tiré de l'opéra la *Nitteti*, du célèbre Paësiello, on verra que toutes les phrases sont composées de trois mesures.

(31)
Ver- gi - ne bel-la e pu - - ra
al Nu - me che t'ac - co - - - glie,
al Nu - me che t'ac - co - - glie
mo - vi tre - man -do il piè.
I - si de in - vo -ca e giu - ra
pa- ri al - le bian - che spo - glie -
can- do - re e ter - no e fè.

Si la même quantité de tems contenue entre deux barres, annonçait toujours une mesure de la même espèce, et si les phrases avaient toutes la même dimension, sans doute il serait facile de reconnaître au premier coup-d'œil les unes et les autres. Mais il en est autrement; car les rythmes étant variés et les phrases pouvant avoir des dimensions différentes, les barres ne peuvent les indiquer avec certitude, comme nous l'avons observé au chapitre des mesures. Il est cependant bien important de pouvoir saisir avec facilité le point où ces parties constitutives d'un morceau de musique se complettent, et le seul moyen d'y parvenir est de s'attacher à distinguer le rythme ou la marche particulière de la mesure, le mouvement enfin qui donne le sens au chant.

Toutes les espèces possibles de phrases peuvent se réduire à trois : *exactes, manquantes* et *surabondantes* (1). Les phrases exactes sont celles qui n'ont ni plus ni moins que leur dimension : les manquantes, celles qui ont quelques notes de moins : et les *surabondantes*, celles qui en ont quelques-unes de plus.

Chacun sait qu'en musique on ne mesure seulement pas la durée des sons, mais encore celle du si-

______

(1) Les anciens avaient donné un nom à chaque espèce de phrase, mais le moment d'en parler n'est pas arrivé.

lence,

lence, de manière qu'il a fallu avoir recours à des signes qui représentassent celle de ce dernier. Ces signes qui, dans le courant des phrases ne doivent jamais laisser un trop grand intervalle entre les sons, servent à completter le rythme, et ce mot rythme ici est synonime de phrase (1). En conséquence, tout rythme ou toute phrase qui s'achève par sa marche sur un tems faible, peut très-bien finir sur le tems fort : soit qu'en supprimant alors les dernières notes non accentuées, elles se trouvent remplacées par des pauses d'égale valeur, soit qu'une phrase subséquente remplisse le vide que laisserait la première. La raison en est que le sens musical semble ne se completter parfaitement que sur le tems fort de la mesure ; car lorsqu'il finit sur un tems faible, ou autrement dit en l'air, il laisse quelque chose à desirer, et l'oreille en suspens n'est pas pleinement satisfaite. Cet effet doit s'attribuer à la nature de l'accent qui attire à lui toute l'attention, de manière que l'oreille compte autant de mesures qu'il y a d'accens qui la frappent. Cette vérité est digne de remarque, parce qu'elle peut nous aider à découvrir la raison de cer-

---

(1) Ubi (Rhythmi) et vacua tempora adsumunt. Est autem tempus vacuum quod absque sono existit ad complendum rhythmum. Residuum verò in rhythmo tempus vacuum minimum.

Arist. Quint.

C

tains effets de l'harmonie, dont on n'a pas encore approfondi la cause. Je crois y trouver encore la raison de la regle qui enjoint aux compositeurs de faire entrer les parties qui ont un chant secondaire, sur le *tems faible*, et non sur le *tems fort*; ce dernier étant réservé exclusivement pour les *motifs principaux*. Car si un chant secondaire entrait sur le *tems fort*, ou il ne ferait pas d'impression, parce que l'oreille serait préoccupée de l'accent du premier chant, ou il en détruirait l'effet en détournant l'attention dans le moment où l'accent du chant principal l'attire à lui.

Toutes les phrases en général peuvent être surabondantes, c'est-à-dire qu'elles sont susceptibles de recevoir quelques notes accessoires ou superflues. On nomme ces notes superflues, parce qu'on peut les supprimer sans nuire à l'intégrité, à l'étendue propre à ces phrases. Les phrases qui se composent d'un nombre impair de mesures, c'est-à-dire, de trois ou de cinq, ne pouvant jamais se diviser en deux parties égales, pourront avoir quelques notes superflues soit à la fin, soit au milieu : parce que si l'une des deux parties a des notes surabondantes, il n'y a pas de raison pour que l'autre n'en ait pas. Cela ne saurait nuire à leur correspondance réciproque, ni en altérer l'harmonie : l'une et l'autre n'en seront que plus sensibles et plus régulieres.

La liberté d'ajouter quelques notes superflues à la

fin des phrases, vient de ce que le dernier accent est plus sensible que les accens intermédiaires, par la raison qu'il complette le sens, et qu'à la rigueur on pourrait le finir là , ou le suspendre : et c'est ce qui fait que la dernière note accentuée d'une phrase est sensée arbitraire, et donne la facilité, selon les circonstances, ou de supprimer, ou d'ajouter quelques notes à la phrase.

Les phrases reçoivent encore un tems superflu au commencement, c'est-à-dire, avant que leur marche ne soit déterminée, et ce tems est quelquefois faible, mais plus souvent fort, selon le rythme ; car il faut observer que toutes les notes, comme toutes les mesures, ne font pas toujours partie intégrante de quelque phrase , parce que la musique a ses membres et ses incises, comme le discours (1).

---

(1) Il est bien entendu que par notes surabondantes, ou superflues, je n'entends pas ici celles qui n'exigent pas un accompagnement particulier, et que, par cette raison , les uns appellent *notes de passage*, et les autres, *notes de goût*. Ces notes sont de leur nature surabondantes aux phrases, ainsi qu'à l'harmonie, par la raison qu'elles n'entrent pour rien dans les divisions principales de la mesure ; et elles n'y entrent pour rien ou parce qu'elles manquent d'accent, ou parceque l'accent qu'elles ont est trop faible pour faire impression. Ce qui prouve que l'accent est vraiment le premier générateur de l'harmonie, puisque de fait les notes subsistent hors

Les maîtres modernes de l'art esquivent tout ce que la doctrine des phrases a de difficile, en se bornant à conseiller aux élèves de faire marcher les mesures de deux en deux. Cette regle, généralement parlant, ne regarde pas autant la dimension particulière des phrases que la marche du chant considérée dans son ensemble. Il est certain que les mesures isolées l'une de l'autre ne pourraient offrir qu'un sens très imparfait, par la raison déja alléguée que la première ne se décide et ne fait entendre sa marche que sur la seconde, de sorte que dans deux mesures il n'y a vraiment qu'un seul mouvement déterminé, et c'est ce qui donne le sens au chant, et que les anciens nommaient *mètre*, c'est-à-dire, mesure achevée et parfaite.

La regle qui ordonne de combiner les mesures deux à deux, prise dans le sens général, est non-seulement

---

de l'harmonie sans blesser l'oreille toutes les fois que les percussions de l'accent ne se font pas assez sentir comparaison faite avec les percussions plus fortes. On doit en conclure que l'abus de ces sortes de notes est nuisible à l'effet musical puisqu'en toutes choses ce qui est superflu ne saurait plaire. Je n'ai garde néanmoins de vouloir les bannir du chant ; je voudrais seulement réussir à persuader qu'elles ne doivent pas y être placées au hazard ; car, qnoiqu'appellées notes de goût, elles n'en sont pas moins assujetties à des regles particulières que je m'empresserai de développer si jamais je me décide à traiter de la mélopée.

utile, mais on peut encore la regarder comme une base du chant bien ordonné. Cependant, dans le détail de la pratique, elle est insuffisante, parce que deux mesures ; comme nous l'avons dit, ne forment pas une phrase, et quelquefois elles en contiennent davantage : cela dépend des divisions de la mesure, ou des valeurs dont elle se compose. En supposant même que la quantité contenue entre quatre barres formât une phrase, on ferait toujours les mêmes phrases en arrangeant les mesures deux à deux, et on ne les varierait jamais. Cependant on peut et on doit les varier, et, pour le prouver, je finirai ce chapitre par un exemple choisi entre mille que je pourrais citer, où les mesures sont distribuées deux à deux, et où cependant les phrases n'ont ni plus ni moins de trois mesures.

Duo de Paësiello.

C 5

CHAPITRE V.

Des mesures composées.

Après avoir parlé des mesures simples, je vais parler des mesures composées. Quoique les mesures simples soient composées de tems, ainsi qu'il est expliqué, elles diffèrent néanmoins des mesures que je nomme composées, en ce que les premières sont formées de tems, ou d'intervalles effectivement égaux entre eux, c'est-à-dire, des notes d'une valeur proportionnelle et correspondante entre elles. La valeur proportionnelle ou relative entre les figures des notes, est toujours de moitié, cela est connu.

Les mesures composées peuvent se réduire à trois classes : celles qui retardent ou accélèrent le mouvement principal établi, celles qui admettent diverses valeurs relatives, et celles enfin qui marchent en opposition du mouvement établi; ce qui est l'effet de ce qu'on appelle Contre-tems.

Pour bien saisir le sens de ce que nous allons dire, il faut se former une idée claire et précise de ces deux mots *mesure* et *mouvement* de la mesure. La *mesure* est la chose même, c'est-à-dire un nombre déterminé de sons mis ensemble avec ordre; et le *mouvement* est la manière d'être de la chose, c'est-à-dire la mesure déterminée sous tel rapport d'ordre et de mouvement particulier.

Les mesures composées par le retard ou par l'accélération du mouvement sont produites comme les mesures simples, ou par la réunion d'unités mises en rapport l'une avec l'autre, ou par la division en parties égales de ces mêmes unités. Par le premier procédé on retarde le mouvement, par le second on l'accélere. Ainsi en mettant deux unités en une, comme si de deux noires on fait une blanche, ou de deux blanches une ronde, il est clair que le mouvement est retardé du double ; si, au contraire, d'une ronde on fait deux blanches, ou d'une blanche deux noires, le mouvement est accéléré de moitié, et si l'on procède par la proportion tri-ple, c'est-à-dire en mettant trois noires en une blanche pointée, ou si on divise, en trois croches cette blanche pointée le mouvement sera ou trois fois plus lent, ou trois fois plus vîte (1).

---

(1) Les premiers qui firent usage de ces deux procédés on sens inverse, crurent avoir découvert de nouvelles mesures, mais il n'en était rien, car ces mesures ne sont réellement que des combinaisons du mouvement déterminé d'après tel dégré de lenteur ou de vitesse. Ces combinaisons, au moins les plus pra-

C 4

Que résulte-t-il de ces combinaisons ? Si l'on réduit à une seule note de valeur équivalente les deux ou les trois divisions indispensables à la mesure on rentre dans l'unité, de sorte qu'on se trouve avoir rempli l'espace total de telle mesure sans en avoir réellement formé aucune, puisqu'une seule note, comme unité, ne constitue point une mesure. Alors il faudra donc que cette note soit mise en rapport avec une autre si l'on veut former une mesure pair; ou avec deux autres notes égales à la première, si l'on veut une mesure impair.

Si au contraire on multiplie les divisions constitutives de la mesure, on obtiendra autant de mesures qu'elle contient de divisions; c'est-à-dire, que si l'on divise le deux par le deux, au lieu d'une mesure pair, on en aura deux dont le mouvement

---

tiquées, ont un signe caractéristique qui les fait reconnaître. La mesure pair composée de deux blanches est indiquée par C, de deux rondes par $\mathbb{C}$, de deux noires par $\frac{2}{4}$. La mesure impair varie davantage. Elle est indiquée par $\frac{3}{1}$ lorsqu'elle se compose de trois rondes; par $\frac{3}{2}$ si c'est de trois blanches; par $\frac{3}{4}$ si c'est de trois noires; et par $\frac{3}{8}$ si c'est de trois croches. Enfin $\frac{6}{8}$ marque qu'entre deux barres se trouvent deux mesures impairs, $\frac{9}{8}$ trois, $\frac{12}{8}$ quatre, qui toutes sont composées de croches.

sera accéléré du double comparativement au premier ; et , si on le divise par trois , on aura deux mesures impairs dont le mouvement sera trois fois plus vîte. De même si l'on divise le trois par le deux, au lieu d'une mesure simple à trois tems, on aura trois mesures pairs accélérées du double, et, si on le divise par trois, on aura trois mesures impairs accélérées du triple.

Ces combinaisons de mesures peuvent s'employer seules , ou plusieurs ensemble , selon l'effet musical, et selon l'expression qu'on se propose de produire. Il faut cependant avertir que si une de ces combinaisons se prolongeait au point de faire perdre l'idée , ou soit l'impression du premier mouvement établi, non-seulement son effet serait manqué, mais la mesure serait effectivement changée , et ce serait commettre une grande faute.

On sent également qu'un mélange mal conçu n'apporterait que de la confusion. C'est pourquoi une des regles de la composition défend de faire marcher de front les divisions constitutives des deux mesures. En conséquence , deux chants , ou deux parties de chant dans l'une desquelles les notes seraient partagées de deux en deux, et dans l'autre de trois en trois , ne peuvent point marcher ensemble, parceque l'une suivrait constamment la proportion pair, l'autre l'impair, ce qui est une contradiction deux bases ne pouvant subsister à la fois. Les deux mesures, il est vrai, se prêtent mutuellement l'une à l'autre, mais toutes les deux ne sauraient avoir un droit égal en même tems, l'une étant principale, l'autre subalterne : parconséquent l'une doit suivre une division plus étendue, l'autre plus resserrée. Si, par exemple, l'une des parties de chant marche de trois en trois croches, l'autre ne peut pas se diviser de deux en deux, mais elle procédera de noire en noire, et dans tous les cas sous le même rapport, car l'unité étant le principe des deux proportions pairs et impairs, elle convient également à l'une comme à l'autre.

Les mesures qui se composent de diverses figures, et de différentes valeurs, sont en plus grand nombre que les précédentes, et il suffira d'en donner une idée générale. J'ai dit que le ryhtme, ou les divisions propres à une mesure pouvaient se transporter dans l'autre, et c'est par ce procédé que se forment les mesures composées de diverses valeurs relatives. Car on sent bien que le nombre deux ne peut contenir trois divisions, et que le nombre trois ne peut en contenir deux sans qu'il n'y ait une fraction ou compensation de part et d'autre. C'est pourquoi dans ces mesures composées, la transposition des rythmes amène diverses figures de notes, dont l'une sera de valeur double réellement, ou d'une manière équi-

valente, comme je l'ai expliqué au chap. du rythme.
Ainsi en donnant le rythme de la mesure pair à
l'impair , au lieu de trois noires , elle ne contiendra
plus qu'une blanche et une noire, et aulieu de trois
blanches , une ronde et une blanche. Au contraire ,
lorsque la mesure pair recevra le ryhtme impair elle
sera alors composée d'une noire et de deux croches ,
d'une blanche et de deux noires , d'une ronde et de
deux blanches. Ainsi chacune suivra le même rapport, selon que le mouvcment de ses divisions sera
plus tardif ou plus accéléré.

On peut demander jusqu'à quel point il est permis d'étendre cette liberté ? à quoi il ne me paraît
pas très-difficile de répondre ; car il est certain que
la nature, encore en cela, a posé des limites *quos ultra
citraque nequit consistere rectum.* Or, comme il
est démontré que la mesure n'existe qu'en vertu
de l'accent , il est clair que cette liberté doit finir,
aussitôt l'accent cesse ou s'attenue , de manière
qu'il ne fait plus d'impression et n'est plus sensible
à l'oreille. Celle-ci est un guide sûr qui en pareil cas
ne nous trompera jamais. Les deux extrêmes sont
également à éviter, parce que dans la grande lenteur
comme dans la grande vitesse l'accent est nul , à cause
que les notes très lentes deviennent toutes accentuées , et que dans la grande célérité aucune n'a d'accent. L'impulsion de l'haleine que la voie emploie

dans une certaine période de sons , et qui forme l'accent sur celui sur lequel elle appuie avec plus de force, s'épuise toute sur une seule note longue , de sorte que pour en faire une autre il lui faut une autre impulsion ; et , comme la voix forme naturellement un accent à chaque impulsion d'haleine , il est clair que toutes les notes lentes deviennent accentuées. Au contraire , dans la rapidité elle ne peut s'appuyer sur aucune note , et aucune n'a d'accent , ou il n'est pas assez sensible pour qu'il fasse impression.

Enfin les mesures produites par l'opposition à la marche générale et déterminée de la mesure appartiennent à ce qu'en général on appelle *Contre-tems* (1). Celui-ci est de plusieurs espèces selon les manières dont il est permis de l'employer , et se nomme *Contre-tems*, *Syncope*, *Point et Dissonance*. Nous parlerons de chacune à part.

---

(1) Il ne faut pas confondre le *contre-tems* avec ce que j'appellerai *Contre-mesure*. Celle-ci est toujours une faute , et rien ne peut la légitimer. On commet cette faute de trois manières : 1°. lorsque un chant qui marche dans le sens des divisions constitutives d'une mesure est adapté à l'autre : 2°. lorsque ses divisions ont un sens irrégulier qui ne convient à aucune des deux mesures : 3°. enfin lorsqu'il est écrit à contre-sens sans autorisation légitime. En un mot la faute de *Contre-mesure* consiste dans un chant dont les percussions de l'accent sont irrégulières , ou irrégulièrement adaptées à la mesure.

(45)

Du Contre-tems.

Le Contre-tems est, pour m'exprimer ainsi, un enjambement d'une mesure sur une autre. La pluralité des parties admise dans notre système musical donne lieu non-seulement à doubler et à tripler le mouvement de la mesure, mais encore à faire marcher les deux mesures ensemble sous les rapports expliqués, et par suite du même principe elle laisse la liberté de faire entendre la mesure doublée, c'est-à-dire, de lui donner deux marches à la fois, dont l'une soit en opposition proportionnelle avec l'autre, afin que l'oreille puisse les distinguer. C'est ce contraste de mesure entre une partie et l'autre qui produit le Contre-tems. Celui-ci a donc lieu lorsqu'une partie de chant entre après une autre qui a déterminé la marche de la mesure, de telle manière que le tems fort de l'une se fait entendre sur le tems faible de l'autre, et son tems faible sur le tems fort. Il ne peut donc y avoir qu'un contre-tems dans la mesure à deux tems, et deux au plus dans celle à trois tems, ce qui suppose alors qu'il y a au moins trois parties qui chantent ensemble.

De J. M. Clari.

1r Ex.
Ma da Nin - - fe sor-pre-so
Ma da Nin - - - fe sor-pre-so
Ma da Nin - fe sor-pre-so
Ma da Nin - - fe sorpre-so
2e Ex.
Sven - tu -ra -to son io sven-
Sven - - tu- ra -to son io

(47)

De Benedetto Marcello. Psaume 12.

De la Syncope.

La Syncope quant à son effet est un retard et quelquefois une anticipation de la mesure ; quant à son signe c'est une note qui commence à moitié d'une des divisions, ou d'un tems de la mesure et se prolonge sur la moitié de l'autre (1).

La regle principale qui légitime cette espèce de contre-tems consiste en ce que le prolongement de la Syncope n'excède point la durée de la note qui sert à la préparer. De là, dérive cette regle de composition qui défend de syncoper, ou (ce qui est la

------

(1) J. J. Rousseau a défini la syncope *prolongement sur le tems fort d'un son commencé sur lo tems faible*. Cela n'est pas exact ; car le son de la syncope commence indifféremment sur le premier tems de la mesure qui est le **tems** fort, et se prolonge sur **le second** qui est le tems faible.

même

même chose) de lier une note de moindre valeur avec une autre de plus forte valeur ; par exemple une croche avec une noire , une noire avec une blanche , etc. (1). Le contraire est permis , et la Syncope, quand elle se trouve seule dans une partie de chant, peut être préparée par une note de valeur égale , et même de plus forte valeur. Cependant si la même partie de chant en contient une suite , alors la note qui la prépare doit avoir une valeur égale à sa propre durée réelle ou présumée; je dis présumée parce qu'il n'est pas nécessaire que les notes syncopées soient pleines et continues , mais elles peuvent être refrappées , ou peuvent de même quitter le son de la Syncope avant que celle-ci soit totalement achevée , pourvu toute fois que le tems qui manque pour completter sa durée réelle soit rempli par quelque note relative à sa disposition , ou qu'elle

---

(1) J'ai cru d'abord qu'on aurait pû faire une exception à cette regle , et c'est lorsque la mesure impair marche de trois en trois tems , dans lequel cas une noire , entrant sur le 3e. tems , paraîtrait pouvoir se lier avec une blanche; mais, en ayant fait l'essai en tous sens , l'effet m'a toujours choqué l'oreille , de sorte qu'à force de calculer , le raisonnement même m'a convaincu que la regle adoptée par nos meilleurs maîtres est fondée , et qu'elle ne souffre pas d'exception. Cependant des gens qui passent pour instruits , et qui devraient l'être , ne font pas assez d'attention à la regle.

D

reprenne la marche naturelle de la mesure. La valeur de la note supposée continue, doit être égale à
la valeur réelle ou présumée de la note qui lui sert
de base , c'est-à-dire, à celle qui marque et détermine la mesure ; ainsi donc, si la mesure se compose
de blanches , de noires , de croches , la Syncope
prendra ces différentes valeurs , et la marche de
l'une se fera réciproquement sur la moitié réelle ou
présumée de l'autre.

Dans une composition à plusieurs parties, il peut
y avoir plusieurs notes syncopées dans la même pro-
gression ; mais une suite de Syncopes ne peut avoir
lieu ni dans un chant seul et isolé , ni dans toutes les parties à la fois , par la raison que rien ne
déterminant la marche principale de la mesure, la
Syncope serait forcée de se mettre à la place , et
son effet deviendrait nul. Celle-ci peut cependant
avoir lieu dans un chant seul , ainsi que dans toutes les parties à la fois ; mais seulement lorsque la
mesure est composée de différentes valeurs par la
transposition des rythmes, et seulement sur le tems
faible , jamais sur le tems fort de la mesure (1).

---

(1) La raison est que les mesures sont produites et limi-
tées par l'accent , et que l'accent ne peut se faire sur la dernière
moitié d'un son, ou sur la dernière valeur d'une note, quelque pro-

Ex. tiré de l'Op. de *la Molinara*, de Paësiello.

Du Point ajouté aux notes.

Le Point augmente toujours de moitié la valeur

longée qu'elle soit. Je n'explique ici ni le pourquoi ni le comment , mais il est de fait que personne ne le fera sans partager la
note en deux. Alors la Syncope n'existe plus , mais si elle existe
réellement , l'accent , ou se fera sur la moitié du dernier tems de la
mesure précédente qui prépare la Syncope , ou sur la moitié du
premier tems de la mesure sur lequel elle se trouve écrite , c'est-à-
dire , après la Syncope finie ; et dans l'un et l'autre cas, la mesure
serait fausse , parce que l'accent se ferait sentir un demi tems plutôt ou plus tard qu'il ne le devrait , et la mesure serait ou trop
courte , ou trop longue.

2   D

ordinaire de la note à laquelle il est ajouté. Il a deux emplois qu'il faut bien distinguer. D'abord il sert à marquer la division ternaire : ainsi une Blanche pointée , et souvent une Noire pointée, vaut trois tems. Le Point employé dans ce sens n'a rien de particulier , il est pris comme faisant partie intégrante de la note qui le précède , et la note, quoique pointée, est considérée comme une figure simple qui ne diffère des autres que par sa valeur triple. Ensuite le Point remplace une note (1), et alors il devient un Contre-tems de la même nature que la Syncope , et il en a les propriétés. La Syncope, comme nous l'avons vu , s'étend sur les divisions principales de la mesure entière qu'elle retarde, ou qu'elle anticipe. Le Point exerce plus particulièrement encore ces mêmes facultés sur les détails , ou , pour mieux dire , sur les subdivisions de la mesure, auxquelles la Syncope par sa valeur excédente ne saurait atteindre.

Si le Point est joint à une note qui se trouve la première dans l'ordre du mouvement, il la prolonge

---

(1) L'usage du point sous ce second aspect est encore très utile en ce qu'il abrége les signes et les rend plus sensibles à la vue. Les Copistes le trouvent si commode qu'ils en abusent. Ils ajoutent le point à une blanche pour remplacer une croche , à une noire pour remplacer une double croche ; comment ne voyent-ils pas qu'ils faussent la mesure ?

au-delà de sa durée naturelle , et retarde d'autant celle qui la suit : si, au contraire, il est joint à la seconde, il l'anticipe d'autant qu'il abrège la première.

Deux notes pointées ne peuvent jamais se suivre, à moins que le Point ne soit mis pour indiquer la division ternaire comme je l'ai déja dit. Le Point, n'ayant, pour l'ordinaire, que peu de valeur, n'exige pas une marche de quelque autre note, opposée à la sienne ; aussi peut-il subsister dans un chant isolé, ainsi que dans toutes les parties ensemble. Si cependant sa quantité est assez forte pour altérer les divisions principales de la mesure, et tenir la place d'une Syncope (comme cela arrive) il doit suivre alors les regles de la Syncope.

De la Dissonance.

Les Dissonances , généralement parlant , se divisent en deux classes. On donne à la première celles qui ont besoin d'être préparées et sauvées , et que Sarti nomme judicieusement *dissonances de retard :* On donne à la deuxième celles qu'il faut sauver sans être obligé de les préparer. Ainsi toute Dissonance qu'il faut préparer, est de même une Syncope , sans que pour cela on doive les confondre ; car la Syncope n'étant qu'un retard de la mesure , une suite de Syncopes peut subsister sans Dissonance ; la Dissonance étant à la fois un retard de la mesure et un retard de l'harmonie. Ainsi la Dissonance comme Syncope doit suivre les regles de celle-ci par rapport à la mesure; mais elle a, comme simple Dissonance, des regles particulières que la Syncope ne suit pas. Je parlerai ailleurs de ces regles, dont les détails seraient déplacés ici d'après le but que je me propose.

CHAPITRE VI.

Des deux Mesures comparées entre elles.

Si nous voulions juger des effets que peuvent produire les deux espèces de mesures par nos propres sensations, nous courrions le risque d'attribuer à la mesure ce qui appartient à la Mélodie, ou ce qui ne serait que le produit de notre imagination échauffée par une cause qui n'aurait rien de commun avec les effets propres à la mesure. Pour éviter cet inconvénient, il faut donc avoir uniquement égard à la nature de ses divisions.

En comparant les deux espèces de mesures, considérées d'abord comme étant simples, nous trouverons que celle à trois tems est plus remarquable et plus sensible à l'oreille, parce que l'opposition des deux tems égaux et semblables doit naturellement se faire mieux sentir avec un tems qui ne l'est pas, ou, pour mieux dire, qui est plus fort que lorsque ce tems n'est en opposition qu'avec un tems faible.

Mais nous trouverons tout le contraire si on les considère ensuite comme étant composées par la

transposition des rythmes ; car la mesure à deux
tems gagne en gaîté, et se rend plus sensible ; celle
à trois tems devient plus grave et moins remarquable
à l'oreille. La raison en est que chacune change de
condition, et que l'une en empruntant la marche
de l'autre s'en approprie les effets.

Si nous les comparons ensuite à l'égard du mouvement de lenteur et de vîtesse pour savoir quel est
celui qui convient le mieux à chacune, et laquelle
des deux mesures est en cela la plus riche ou la
plus pauvre, nous verrons que celle à trois tems est
beaucoup plus bornée que l'autre, en sorte qu'elle
ne peut être ni trop rallentie sans perdre la gaîté qui
lui est propre, ni trop accélérée sans produire de
la confusion. Pour nous en convaincre, supposons
d'abord que la mesure à trois tems soit semblable à
celle à deux tems, ses notes étant d'un tiers moin-
dres que celles de la mesure à deux tems ; en ce cas
elle sera plus rapide et plus gaie, par la raison que
dans un égal espace de tems on y entend un plus
grand nombre de percussions, ou de sons. Supposons ensuite que la mesure à trois tems devance d'un
tiers la mesure à deux tems, les notes ayant une
valeur égale dans toutes les deux : qu'arrivera-t-il ?
Cette même mesure à trois tems sera plus tardive et
plus grave que celle à deux tems, par la raison que
les notes accentuées s'y font attendre plus long-

tems (1). Il faut donc en conclure que le mouvement lent n'est pas celui qui convient le mieux à la
mesure à trois tems, puisque même à quantité égale
dans les divisions celle-ci perd la prérogative qui lui
est propre ; car la nature ayant voulu qu'elle fut la
plus légère et la plus gaie, elle devient la plus lourde
et la plus triste. Elle n'est pas non plus susceptible
d'avoir plusieurs degrés de vîtesse, ou plusieurs subdivisions, parce qu'étant la plus étendue, elle parcourt un plus grand espace à la fois ; comme aussi
étant la plus rapide par sa nature, elle arrive plutôt
au bout de ses limites. La preuve en est que si on la
subdivise par elle-même, c'est-à-dire par trois , on
aura pour produit le nombre 9, et par une seconde
subdivision le nombre 27 , qu'on ne saurait employer par les raisons alléguées au chap. Ier. ; on
sent d'ailleurs qu'il est trop éloigné de sa racine pour
que l'oreille puisse l'apprécier.

Mais si la mesure à trois tems *simple* est la plus
bornée dans le mouvement de sa marche , *composée*

---

(1) La lenteur ou la vîtesse des airs ne provient d'autre chose
que des accens qui sont plus lents , ou plus prompts à se faire
entendre , et non pas du tems qui n'est susceptible d'aucune mo-
dification.

Tempus enim per se non velox , atque remissum est ;
Sed sibi par semper , semper pede labitur aequo.

elle est la plus riche en production de rythmes, par la même raison qu'étant la plus étendue, ou, pour mieux m'expliquer, contenant trois divisions aulieu de deux, elle est la plus susceptible de combinaisons différentes desquelles dérive la variété des rythmes. Bien entendu que cette abondance de richesses est aux dépens des qualités qui lui sont naturelles, ainsi qu'il est dit; et cela parceque les mesures composées dont elle est susceptible ne sont ni aussi régulières, ni aussi régulièrement distribuées que celles qui, en pareil cas, dérivent de la mesure à deux tems.

Celle-ci qui n'est formée que de deux tems et de deux rythmes, est, par sa nature, plus simple et plus grave : elle est plus susceptible de divers degrés de lenteur et de vîtesse, parce qu'elle parcourt un moindre espace à la fois. Sa division pair la rend aussi plus régulière dans ses combinaisons, qu'elles lui soient propres, ou qu'elles soient empruntées. Ce qui est digne de remarque, c'est qu'en la subdivisant par le deux, qui est son propre nombre, le résultat donne constamment des nombres *quarrés pairs*, tels que 2, 4, 8, 16, 32 etc., si on la subdivise par le trois, le résultat donne les nombres *quarrés impairs*, 2, 6, 12, 24. La mesure pair l'emporte donc, par beaucoup de raisons, sur l'impair; aussi la préférait-on chez les Anciens, et chez nous elle est encore d'un usage plus fréquent dans la pratique ; mais l'utilité de ces observations consiste à savoir choisir celle qui est la plus propre aux circonstances.

CHAPITRE VII.

De la Mesure dans le Récitatif.

Pour nous former une idée juste de la mesure du
Récitatif il est essentiel de bien connaître ce que les
Anciens ont appellé différences de la voix. Ils en
assignaient deux principales : la première qu'ils appellaient *continue* et qui a lieu dans le discours
ordinaire ; la deuxième qu'ils appellaient *diastéma-
tique* qui a lieu dans la Musique (1). A ces deux

---

(1) Nunc vocum differentias colligamus. Omnis enim vox
aut Συνεχης est, quæ continua, aut διαστηματιχη , quæ dicitur cum intervallo suspensa. Et continua quidem est, qua lo-
quentes, vel ipsam orationem legentes verba percurrimus. Festi-
nat enim tunc vox non inhærere in acutis et gravibus, sed quàm
velocissimè verba percurrere, expediendisque sensibus, exprimen-
disque sermonibus continuè vocis impetus operatur. Diastema-
tice autem est ea quam canendo suspendimus, in qua non potius
sermonibus, sed modalis inservimus. Est que vox ipsa tardior,
et per modulandas varietates quoddam faciens intervallum, non
taciturnitatis, sed suspensæ ac tardæ potius cantilenæ. His (ut
Albinus auturnat) additur tertia diferentia, quæ medias voces
possit includere, sed Heroum pœmata legimus, neque continuo
cursu ut prosam, neque suspenso eguiorique modo vocis ut
canunt. *Boetius de Mus. cap. XII.*

différences principales de la voix , ils en ajoutaient deux autres. L'une est une nuance du discours que nous appellons déclamation , car dans la déclamation la voix ne marche ni avec la rapidité continue du discours simple , ni avec la manière soutenue du chant. L'autre est une nuance de la voix dans le chant même , qu'Aristote a distinguée par les mots de *Musique simple et nue, ou accompagnée de mélodie* (1). Nous distinguons ces deux Musiques, ou ces deux différences de la voix dans la Musique par les mots de *chant* et de *récitatif.*

Il résulte donc qu'on remarque quatre différences de la voix bien distinctes l'une de l'autre, qui sont le langage ou le discours, la lecture des vers héroïques ou la déclamation , le récitatif et le chant. On ne peut douter que toutes ne soient harmonieuses chacune dans son genre, et comme l'harmonie ne peut subsister nulle part sans mesure , il est clair aussi que chaque différence de la voix a une mesure qui lui est propre. J'ai démontré celle qui est propre au chant , examinons actuellement celle qui est propre au Récitatif.

Le Récitatif est donc la nuance musicale intermé-

---

(1) Τὴν δὲ μουσικὴν πάντες εἶναι φάμεν τῶν ἡδίστων , καὶ ψιλὴν οὖσαν , καὶ μετα μελῳδίας.

Arist. Polit. lib, VIII cap. V.

diaire entre le chant et la déclamation. Il se distingue premièrement du chant par la mesure, en ce que dans le chant la mesure doit, de nécessité, observer non-seulement le rythme, mais encore la quantité des tems, et la stabilité du mouvement de lenteur ou de vitesse qui lui est imprimée ; que le Récitatif n'est assujetti qu'au rythme, et, généralement parlant, il n'est pas tenu d'observer ni la quantité, ni le mouvement stable de la mesure. Il se distingue de la déclamation par les intonations de la voix, en ce que la voix dans le Récitatif se module d'après les regles reçues du système harmonique, et que dans la déclamation elle ne suit d'autres regles que celles suggérées par l'oreille, et par le sentiment de celui qui déclame. De là, il résulte que le Récitatif a autant d'art qu'il lui en faut pour être musique, mais il n'en a pas ce qu'il lui en faudrait pour mériter le nom de Musique mélodieuse, ou de chant proprement dit ; et que la déclamation, ou la lecture des vers n'appartient pas à l'art musical, parceque ses intonations ne se reglent pas d'après le système harmonique, quoique par l'observance du rythme, ou de la mesure, elle soit supérieure au langage, et se fasse distinguer de la lecture de la prose. Mais le Récitatif et la déclamation des vers ont la même mesure, celle que l'accent imprime aux paroles.

La mesure dans le Récitatif, dépend donc des paroles , et leurs accens seuls guident le Compositeur pour la bien noter , et le Chanteur pour la bien exprimer. Les notes du Récitatif fixent les intonations; il faut donc les rendre avec soin si l'on ne veut pas s'exposer à sortir du système harmonique , c'est-à-dire à détonner. Mais quoique les notes soient écrites d'après la mesure, elles ne la limitent pourtant pas, et leur seul objet est de faire distinguer les syllabes accentuées de celles qui ne le sont pas : c'est par cette raison que les récitatifs n'ont pas lieu dans une Musique purement instrumentale ; de là , nait aussi la difficulté de les bien dire ; car généralement les chanteurs s'attachent trop servilement à la valeur des notes , autant par l'habitude qu'ils en ont contractée dans le chant mélodieux , que par défaut de connaissances relatives à leur art, dont ils négligent trop la théorie.

Dans les Récitatifs, la valeur des notes n'est donc pas fixe et invariable , et le mouvement de la mesure n'est pas déterminé ni uniforme, comme dans le chant. C'est pourquoi l'on suit encore l'usage, qu'observaient les Anciens , d'écrire les paroles sur la partie de chaque instrument. Sans cette précaution , il serait impossible de marcher de concert et d'accord avec le Chanteur , celui-ci pouvant à son gré prolonger telle ou telle note , retarder ou presser le mouvement de la mesure toutes les fois qu'il le juge à propos pour rendre le sentiment qu'il doit exprimer.

Il y a une infinité de nuances dans le Récitatif, depuis celle dont les inflexions confinent à la déclamation jusqu'à celle qui touche au chant mélodieux. Il suit de là, que le Récitatif doit prendre une marche plus régulière à mesure qu'il se rapproche davantage du chant, jusqu'à ce qu'enfin il se confonde avec lui: alors la mesure reprend toute la rigueur dont elle est susceptible.

Il faut cependant se garder de croire que la seule distribution exacte du tems suffise à la Musique simple pour devenir Mélodie ; car le Récitatif est souvent mesuré sans être du chant proprement dit. Ce dernier, outre l'observation rigoureuse de la mesure, exige une plus grande élégance dans les sons et dans les modulations ; il lui faut des inflexions plus douces et plus séduisantes, afin que la voix puisse charmer ceux qui écoutent, et plus vivement exprimer les passions qu'elle imite. L'art enfin a besoin de toutes ses ressources pour que cette même musique, qui dans le Récitatif n'est qu'une simple harmonie, change de nom, et devienne Mélodie.

DEUXIÈME PARTIE.

DEUXIÈME PARTIE.

De la division du tems dans la Poésie.

Avant d'émettre dans cette seconde partie l'opinion que je me suis formée sur la mesure du tems dans la poésie, je me décide à examiner le plus brièvement possible les opinions qui me sont contraires: je le ferai succintement, le développement de ce sujet n'ayant d'attrait ni pour celui qui en parle, ni pour celui qui a la patience de l'écouter. Car, pour me servir des expressions de Cicéron (1), il s'agit maintenant d'enseigner la manière d'arranger les mots, et de mesurer et compter les syllabes; or

---

(1) De verbis enim componendis et de syllabis propemodum dinumerandis et dimentiendis loquemur : quæ etiamsi sunt, sicuti mihi videntur necessaria, tamen fiunt magnificentius, quam docentur. Est id omnino verum, sed proprie in hoc dicitur. Nam omnium magnorum artium, sicut arborum, altitudo nos delectat; radices, stirpesque non item ; sed esse illa sine his non potest.

Cic. in Oratore.

E

cette connaissance , quelque nécessaire qu'elle soit au poëte et au musicien , procure beaucoup moins de gloire lorsqu'on l'enseigne , que lorsqu'on la met en pratique. Je marcherai rapidement; *non enim doceo , sed admoneo docturos.*

~~~~~~

CHAPITRE I.

De la Prononciation des Langues modernes en général.

On ne peut révoquer en doute que le langage des hommes ne soit une espèce de chant. Salvini a dit : *il nostro parlare è un cantare ;* et Cicéron avait dit avant lui : *est autem in dicendo quidam cantus obscurior.* Les Anciens, comme il a été dit au dernier chapitre, distinguaient trois sortes de chants, qu'ils nommaient voix *continue* quand on parle, voix *intermédiaire* quand on lit des vers héroïques ou quand on déclame, voix *séparée par des intervalles,* quand on chante, ce qui s'appelle encore *unité mélodique* (1). Nous avons parlé des mesures propres à cette dernière espèce; examinons celles de la seconde : car la voix continue, ou le langage, n'ayant pas des regles bien sures, n'entre pas dans l'objet de ce discours.

---

(1) Continua (vox) ergo est quà disserimus : media quà carminum lectiones facimus ; intervallis discreta quà inter simplices voces aliquanta facimus intervalla , et quæ unitas quoque melodica adpellatur. *Aristides Quint. pag* 7.
~~~~~~

Deux choses, dit Cicéron, flattent l'oreille, le son et le nombre (1). Platon nous a enseigné que l'effet, produit par les sons considérés sous le rapport du grave à l'aigu, doit s'appeller *harmonie*, et que celui provenant de leur durée doit s'appeller *rythme* (2).

Trois choses, à mon avis, concourent à produire ce premier effet, ou l'harmonie dans la prononciation particulière à chaque langue : la diversité des sons, leur articulation et leur modulation. Les cinq voyelles de l'alphabeth marquent, à quelques exceptions près, la diversité de ces sons ; car il n'est pas possible à l'homme de former avec la voix des sons qui ne fassent partie de ceux représentés par les voyelles, et dont la nuance ne soit limitée depuis l'*a* jusqu'à l'*u*, les consonnes qu'on distingue en semi-voyelles simples, doubles, muettes, liquides, servent à indiquer les articulations innombrables dont les sons des voyelles sont susceptibles. De ces articulations, diversement combinées avec les divers sons des voyelles, naissent toutes les langues imaginables.

---

(1) Duæ igitur sunt res, quæ permulceant aures, sonus et numerus.   *Cic. in Orat.*

(2) Τῇ δε τῆς κινησεως τάξει ρυθμὸς ὄνομα εἴη. Τῇ δ' ἂν τῆ φωνῆς, τοῦτε ὀξέος ἅμα καὶ βαρέος. Συγκεραννυμέμον ἁρμονιας ὄνομα προσαγορευοιτο.   *Plato de leg. lib. II p.* 664.

La modulation n'est indiquée par aucun signe. Elle ne consiste point dans la prononciation de chaque mot à part, mais dans l'ensemble du discours, pendant lequel celui qui déclame, ou qui parle, parcourt un certain nombre d'intervalles du grave à l'aigu, et de l'aigu au grave ; ce qui fait qu'il peut former de fausses intonations, comme celui qui chante, ou comme celui qui joue d'un instrument. On a nommé cette modulation *accent* quoiqu'elle ne soit autre chose qu'une certaine *cantilène* qui varie un peu plus, un peu moins, de nation à nation, de province à province, de village à village, d'individu à individu ; de sorte, qu'en parlant, chacun, pour ainsi dire, chante son air particulier, ou le chante d'une manière qui lui est particulière. Dans le discours ordinaire cette modulation est à-peu-près périodique, c'est-à-dire, qu'elle finit, et recommence à chaque phrase, comme un chant sur des couplets : elle varie beaucoup dans l'agitation des passions. Mais toute modulation de la voix ne se rend sensible à l'oreille que par le moyen de la mesure (1).

Nous avons prouvé dans la première partie de cet ouvrage, que sans *accent* il ne pouvait point y avoir

---

(1) Quod fieri nisi inest numerus in voce non potest.

Cic. III de Orat.

E 3

de *mesure* dans la musique. On donne à ce mot *accent* plusieurs significations ; mais il n'est question ici que de celle par laquelle on désigne la syllabe qui dans un mot frappe et affecte plus particulièrement l'oreille.

Les Grammairiens ne s'accordent pas sur la nature, et l'emploi de l'accent qui est indubitablement le principe de l'harmonie auditive, comme la lumière est le principe de l'harmonie visuelle. Ces deux harmonies ont chacune, comme on le sait, deux parties essentielles. L'observation des proportions dans la mesure des tems et dans la variété des sons, produit l'harmonie auditive, et de leur ensemble résulte une mélodie, *naturelle*, comme dans la prononciation d'une langue, ou *artificielle*, comme dans le chant musical. Ce qui produit l'harmonie visuelle est aussi l'observation des proportions dans la mesure des distances et dans la variété des couleurs ; d'où il résulte une troisième partie que j'oserai appeller *méloptique*, et que les peintres nomment accord, partie également flatteuse, qu'elle soit *naturelle* comme dans un site, ou *artificielle* comme dans un tableau. Si l'on change de lumière, et qu'on substitue à celle du soleil celle de la lune, l'accord se perdra, les couleurs changeront de teinte, les distances se confondront ; si on supprime la lumière, tout disparaîtra. De même dérangez l'accent, tout se confond ; supprimez-le,

les sons ne sont plus qu'un vain bruit. Un principe
peut se modifier de mille manières ; mais chaque
modifications n'est qu'un accident qui n'altère pas le
principe. Si un accident avait la faculté d'altérer la
nature du principe , il faudrait alors admettre autant d'accens que l'accent pourrait éprouver de modifications ; ce qui ne peut se supposer.

Jettons un coup-d'œil rapide sur les opinions des
Grammairiens sur l'accent. M. Peretti dans sa grammaire italienne laisse entrevoir qu'il n'est pas de l'o-
pinion la plus commune, sans oser cependant s'en
écarter beaucoup. L'*Accent*, dit-il, *est une douce
élévation de la voix qui doit se faire sentir sur une
des voyelles qui composent le mot , plutôt que sur
une autre ; car chaque mot Italien a un accent , et
ne peut en avoir plus d'un , de quelque nombre de
syllabes que le mot soit composé.* Notre Grammai-
rien ne dit pas affirmativement que l'accent aigu se
fait en élevant le ton de la voix , le grave en l'abaissant, ainsi que beaucoup de grammairiens le prétendent ; mais il ajoute d'après leur opinion : *si l'accent
tombe sur la voyelle finale, il s'appelle grave ,
comme dans* amò, sentì, qualità : *et s'il se trouve au
commencement, ou dans le corps du mot , il se
dit aigu, comme dans* àmo, giòvane, credèvano. *La
langue Italienne n'a point d'accent circonflexe.*
Peu après il semble douter , *si l'objet de l adjectif*

est de désigner la nature de la qualité adjointe au subs-
tantif : il me paraît, dit-il, qu'au moins en Italien,
on devrait appeller grave l'accent aigu, et appeller
aigu celui que l'on nomme grave : car l'accent final
ou le grave se forme comme par un éclat de la voix,
et se fait sentir avec plus de force que l'accent ini-
tial ou intermédiaire, et au contraire ce dernier que
l'on appelle aigu, a un son plus lent et plus doux,
puisque la voix s'y pose pour mieux faire sentir le
reste du mot.

Le P. Sacchi, qui admet aussi deux sortes d'accents,
donne l'*aigu*, qu'il appelle *di rinforzo*, tant aux vocales accentuées à la fin des mots, qu'aux intermédiaires qui doublent la consonne. *Io odo l'accento
di produzione* (grave) *in* faremo, glorioso, variare;
Odo quello di rinforzo (aigu) *in* colonna, corallo,
maremma, *e nell' altre simili, dove dopo l'accento
la consonante si raddopia. Certamente sulle voci*
dirollo, farammi, andranne, *suana il medesimo
accento che in quell' altre :* lo dirò, mi farà, se ne
andrà, *che senza dubbio è accento di rinforzo.*

Sobrino dans la Grammaire Espagnole : *il faut remarquer*, dit-il, *que si le mot n'est que de deux
syllabes, l'accent qui sera aigu se fera sur la première.... Au futur de l'indicatif les trois personnes
du singulier ont l'accent grave sur la finale.* Cependant sur la première et troisième personne du futur

la prononciation Italienne et Espagnole est tout-à-fait la même, comme dans *amerò*, *amerà*, ou en Espagnol *amaró*, *amarà*; en sorte que, si l'accent est aigu dans une langue, il doit l'être également dans l'autre, et *vice versa*.

D. Juan Caramuel n'admet dans la langue Espagnole qu'un seul accent; voilà donc un auteur moderne qui est en quelque sorte de mon avis. Dans le *calamus secundus , sive rythmica*, au 2.º. chap. il écrit ainsi : *Apud Hispanos non tres sed unicum accentum reperies, qui si penultimam , aut antepenultimam afficiat, notatur sic :* excellénte , excellentissimo, *si ultimam sic :* amor, favor, dolor, *vel etiam sic :* temòr , senòr , majòr. *Monosyllabæ si quæ habent accentum notantur sic :* sêr , vêr , *et produci jubentur , ut sint :* seer , veer.

Mais venons à la langue Française dans laquelle la science des accens paraît très difficile , parce que les signes grammaticaux y sont fort multipliés. Cette multiplicité de signes dérive de ce que cette langue a beaucoup de sons vocaux puisqu'on en compte jusqu'à seize , d'où il suit que les voyelles n'étant qu'au nombre de cinq , il faut , ou abandonner à l'usage les sons intermédiaires, ou , si l'on veut les indiquer dans l'écriture , accumuler les signes , soit par des diphtongues , soit par des petits traits qu'on place sur les voyelles , et qu'on appelle accens. Il faut ob-

server que ces signes, ou petits traits, ne s'employent
pas pour marquer l'accent prosodique, car très souvent une voyelle a quelqu'un de ses traits sans avoir
l'accent, ainsi qu'on le voit dans le mot *pâlir*, dont
la première voyelle porte l'accent circonflexe, quoique la seconde ait l'accent prosodique. L'auteur de
l'*Essai sur les voix de la Langue Française* l'a judicieusement observé ; il s'exprime ainsi : *De même
que le ton* la *naturel est rendu par la même touche
de l'instrument, et fait entendre le même son, soit
qu'il ait pour signe une ronde, soit que le signe qui
l'indique soit une blanche, une noire ou une croche;
de même aussi la voix aiguë e prononcée longue ou
brève, fait toujours entendre le son e aigu. Le mot
créée, par exemple, fait entendre deux fois la
voix e aiguë. La première est brève et la seconde
est longue; mais la qualité de la seconde n'est pas
différente de la première ; elles rendent l'une et
l'autre le son e aigu. La voix e de la première syllabe peut être comparée tant pour l'accent que pour
la quantité prosodique au son* la *de la gamme indiqué par une noire, et la seconde le sera à la note*
la *indiquée par une blanche : la première équivaudra à un tems, la seconde à deux.* La démonstration ne saurait être ni plus juste, ni plus claire : j'a-
jouterai seulement que, comme l'accent ne provient
pas de la quantité, la première équivaudra toujours

à un tems faible, la seconde à un tems fort, qu'il se compose d'une ou de deux valeurs; c'est-à-dire, que la seconde a l'accent naturel et prosodique, et que la première n'en a pas.

Les Français distinguent les syllabes prosodiquement accentuées en longues et en brèves par la même raison que les autres grammairiens distinguent ordinairement deux sortes d'accens, le *grave* et l'*aigu*. On dit, par exemple, que la dernière voyelle est brève dans le mot *esprit* et longue dans *parti;* que dans le mot *guerre* la première est brève, et qu'elle est longue dans *guere.* Ainsi, en Italien, plusieurs prétendent qu'on doit faire l'accent aigu sur la première voyelle de *carro,* et l'accent grave sur la première de *caro;* les uns disent qu'il faut placer l'accent grave, d'autres disent l'accent aigu, sur la dernière d'*amò:* les grammairiens, comme on le voit, ne sont pas d'accord entre eux; cela doit être. La différence des impressions que reçoit l'oreille par ces diverses nuances des voyelles accentuées ne provient point de l'accent, mais de la différence des articulations qui doivent varier selon la position de ces voyelles dans les mots, et selon la manière dont elles se combinent avec les lettres qui les précèdent, et qui les suivent. Est-ce la faute de l'accent si une syllabe, ou un mot, finit par une voyelle ou par des consonnes, et l'oreille peut-elle être affectée de la même manière? On distingue différentes couleurs sur un plan, est-ce la lumière qui change, ou bien la superficie du plan qui varie ?

L'accent est donc une force naturelle qui se fait sentir sur une *voix* plutôt que sur une autre, il est d'une seule nature, et il est le même dans toutes les langues. Chaque mot a un accent, et ne peut jamais en avoir plus d'un de quelque nombre de syllabes qu'il soit composé.

Tous les Grammairiens ne paraissent pas convenir de cette vérité. Altieri dit dans la Grammaire Anglaise *qu'il y a des mots qui ont plus d'un accent, comme* univèrsal, òmniprèsent, *qui sont également accentués sur la première et troisième syllabe.* Mais il ajoute : *généralement un de ces accens est plus fort que l'autre.* Le plus fort est donc le seul véritable accent, car les deux accens ne pourraient jamais être d'égale force sans que le mot ne se partageât en deux. Cette observation a lieu dans toutes les langues, et principalement pour les mots composés (1).

Il n'y a donc, et il ne peut y avoir qu'un seul accent dans chaque mot; mais il n'y occupe pas toujours la même place. Celle-ci dépend de l'analogie des

-----

(1) L'accent, ainsi qu'il est dit ailleurs, n'a point un degré de force limité ; il suffit qu'il fasse distinguer une syllabe d'avec celles qui composent le même mot.

mots entre eux , fondée sur l'harmonie propre que
la nature et l'usage ont imprimée à chaque langue.
En général, l'accent se pose sur la dernière syllabe
du mot, sur la pénultième, et sur l'antepénultième.
Dans la langue Française la position de l'accent est
très facile à reconnaître, parce qu'il se fait toujours
sur la dernière syllabe des mots, à moins qu'elle
ne se forme d'un *e* muet , car alors il se fait sur la
pénultième ; comme *piété* , *portrait* , *succéder* : ou
bien comme *ame* , *facile* , *solitude*. Dans les autres
langues , et particulièrement dans l'Italienne , cette
même position serait plus difficile à déterminer , parcequ'elle y est plus variée ; car non seulement l'accent
y a lieu sur la dernière , sur la pénultième et sur l'antepénultième syllabe , mais encore quelquefois sur la
syllabe qui précède cette dernière , comme *mormo-
rano* , *machinano* , *contemperano*. Les Italiens ne
se servent du signe grammatical pour indiquer l'accent que lorsqu'il se fait sur la voyelle finale des
mots, comme dans *facoltà* , *mercè* , *unì* , *farò* , *virtù*.

Quoique la position de l'accent ne soit pas toujours la même relativement à la distribution des syllabes , elle est néanmoins déterminée et fixe dans
chaque mot ; en sorte qu'on ne peut le déplacer sans
changer l'idée , ou sans risquer de n'en exprimer
aucune. Si je dis, par exemple, *libero* , *l'Ibèro* , *liberò* ,

je change l'idée autant de fois que je varie la position de l'accent , quoique les sons et les lettres , que je fais entendre , soient exactement les mêmes , et si l'accent que je déplace ne se rencontrait pas avec quelque manière de dire usitée , alors le mot n'offrirait aucune idée , parce qu'il se présenterait sous un aspect inconnu qui n'aurait aucun sens. Ce qui confirme que les idées naissent accompagnées de l'accent, tant dans les sons de la Musique que dans ceux du langage , parceque tous sont de même nature , et parceque tout est commun entre eux. On trouve cependant quelques mots qui peuvent se prononcer de deux manières : nous disons *ùmile* et *umìle, occàano* et *oceàno*, ainsi que quelques autres semblables. Mais comme il est reçu qu'on peut les prononcer d'une manière ou de l'autre , chacun présente la même idée, quoique sous une forme différente.

L'accent , comme l'a très-bien fait observer le P. Sacchi , produit deux effets sur les mots. Le premier est qu'il leur donne le mérite de l'unité en ne les considérant même que comme matériels et sensibles. L'unité des mots , comme ayant rapport à l'esprit , ou à l'entendement de ceux qui les écoutent , consistent dans l'unique idée de la chose que toutes ces syllabes combinées de telle manière représentent à la mémoire. Mais les mots doivent, en outre, avoir quelque manière d'unité , n'ayant de rapport par le

son qu'à l'organe auditif; or cette unité ne leur
est donnée que par l'accent qui, rendant une
syllabe plus sensible , fait considérer les au —
tres , qui concourent avec elle à le former,
comme simplement accessoires : de cette manière ,
unies à elle dans notre conception , elles font un tout
très-distinct et indivisible. Ainsi on conçoit comment
les accens diminuent par la composition des mots ,
(ce qui a lieu, comme on l'a vu , dans les mesures
musicales) , et comment ils se multiplient par la décomposition. Si de deux , ou de trois mots , j'en forme
un seul, je n'aurai qu'un seul accent; car les deux, ou
les trois mots, se réunissant ensemble, ne sont plus que
des matériaux accessoires qui concourent à former
un mot principal ; par conséquent il ne peut y avoir
qu'un seul accent. Au contraire, par la décomposition,
j'aurai autant d'accens que je ferai de divisions dans
un mot; car chaque syllabe isolée devient syllabe principale , et , comme telle , syllabe sensible. Les monosyllabes, sont tous , par cette raison , naturellement
accentués, pourvu que dans la prononciation ils ne se
joignent pas avec le mot qui les suit , et qu'ils ne fassent
pas corps ensemble, au moins quant au son qui frappe
l'oreille. Cela est à remarquer ; car les monosyllabes,
comme les articles , les prépositions, et quelquefois
les autres mots, perdent leur accent selon la place
qu'ils occupent dans le sens de la phrase , parce-

qu'alors la voix les exprime d'un seul trait, en disant , par exemple *pourquoi* , ou, *pourquoi pas, un livre nouveau,* ou *un nouveau livre ;* les deux mots *pourquoi* et *nouveau* perdent l'accent à la seconde position , tandis qu'ils l'ont à la première.

Le second effet que l'accent produit sur les mots est qu'il leur imprime divers rythmes ou mesures, et les rend ainsi propres à varier l'harmonie dans les vers , comme dans la prose. Nous parlerons des rythmes dans un autre chapitre.

CHAPITRE II.

CHAPITRE II.

De la prononciation des Langues anciennes.

Les Grammairiens prétendent que les Grecs et les Latins avaient dans la prononciation de leur langue un mode que l'on ne retrouve dans aucune de celles qui se parlent actuellement. Leurs accens et les nôtres, disent-ils, n'ont aucun rapport, et sont de toute autre nature; et dans ces langues, le nombre poétique et oratoire ne dépendait point, ainsi que cela se voit aujourd'hui parmi nous, de la distance et de la position régulière de ces mêmes accens. Celui-ci ne consistait que dans la quantité des syllabes brèves ou longues qui se succédaient les unes aux autres avec un certain ordre déterminé. Ces syllabes avaient toutes leur valeur propre, dont l'expression était telle, que par l'oreille seule, et sans aucune instruction, on distinguait si elles étaient longues ou brèves.

Telle est la doctrine que l'on m'a enseignée, et je la retrouve dans beaucoup de livres qui traitent de cette matière. Le P. Sacchi en a démontré la fausseté; mais, son raisonnement étant trop étendu, et ses conséquences n'étant pas toujours les miennes, je ne

F

citerai de lui que ce qui viendra à l'appui de mon opinion , et les raisons dont j'étayerai la mienne , pourront à leur tour faire valoir les assertions de cet homme célèbre.

Il est certain que personne ne peut changer , au moins quant au principe, ce que la nature a donné; or l'accent est donné par la nature, donc il ne peut être changé, et parconséquent il est, et il sera toujours le même dans toutes les langues anciennes et modernes, présentes et futures. Cicéron ne reconnaît qu'une seule sorte d'accent donné par la nature, qu'il nomme *voix aiguë* , et de laquelle dérive l'harmonie, ou l'espèce de chant qui orne le discours. *La nature même , dit-il , comme si elle modulait le discours des hommes, a mis une voix aiguë dans chaque mot , mais une seule , et qui n'est jamais en-deçà de l'antépénultième syllabe* (1).

Quintilien paraît reconnaître deux sortes d'accens qu'il nomme *voix aiguë , et voix fléchie* (2); ce qui

_____

(1) Ipsa enim natura , quasi modularetur hominum orationem , in omni verbo posuit acutam vocem , nec une plus , nec a postrema syllaba citra tertiam. *Cic. in Orat.*

(2) In omni voce acuta intra numerum trium syllabarum continetur , sive hac sint in verbo solæ , sive ultimæ ; et in his , aut proxima extremæ , aut ab ea tertia. Trium porro de quibus loquor , media longa , aut acuta , aut flexa erit. Eodem loco

se rapporte aux deux sortes d'accens communément admis dans les langues modernes , et qu'on distingue par la diverse position de l'accent dans les mots , et par l'articulation des consonnes réunies à la voyelle accentuée , et non pas par la diversité de l'accent, comme on le prétend.

Plusieurs Grammairiens voyent dans le texte de Quintilien trois sortes d'accens, parce qu'il y est parlé *du son grave;* mais ils n'ont pas fait attention que le son grave est un attribut commun à toutes les syllabes non accentuées. La chose est claire par elle - même; car , si par le son grave on devait entendre l'accent, Quintilien se contredirait lui-même. Il dit que si la pénultième syllabe est brève, elle aura le son grave et renverra l'accent sur l'anté-pénultième : il y aurait donc deux accens de suite dans le même mot, ce qu'il n'a pas voulu dire, puis-qu'il ajoute qu'il ne peut jamais y en avoir qu'un seul.

Dans les langues modernes , si de deux mots l'on n'en fait qu'un , l'un des deux perd l'accent , et la

------

brevis utique gravem habebit sonum , ideoque positam ante se , idest ab ultima tertiam acuet. Est autem in omni voce utique acuta , sed nunquam plus una , nec ultima nunquam , ideoque in bi-syllabis prior. Praeterea nunquam in eadem flexa , et acuta; quia eadem flexa ex acuta : itaque neutra claudet vocem latinam. Ea vero quae sunt syllabae unius erunt acuta , aut flexa , ne sit aliqua vox sine acuta. *F. Quint. Inst. lib. I. Cap. V.*

même chose arrivait dans la prononciation des Latins
ainsi de *circum* et de *dare*, de *quantum* et de *libe*
ils faisaient *circùmdare*, *quantùm libet* avec un seul
accent. J'ai fait observer encore que dans nos langue
modernes certains mots perdent quelquefois leur ac
cent uniquement par leur seule position dans le sen
de la phrase. Quintilien, en nous avertissant que la
même chose avait lieu dans la langue latine, nou
en donne la raison. *Cum dico circum littora tan*
quam unum enuncio dissimulata distinctiono : ita
que tanquam in una voce una est acuta. Enfin plu
on voudra comparer la prononciation d'une langue
avec l'autre, d'après l'enseignement des meilleurs au
teurs, plus on trouvera d'uniformité entre les accen
anciens et modernes : et si les propriétés, les acci
dens, les conditions sont les mêmes, comment peut
on supposer une différence dans leur nature ? Au
reste, l'accent est donné par la nature, qui pourrai
l'avoir changé ?

Les Grammairiens prétendent établir la différence
des accens chez les Anciens et les Modernes d'aprè
leur dénomination ; ils conjecturent que l'accent *aigu*
se prononçait en élevant le son de la voix, le *grave*
en l'abaissant, et le *circonflexe* en l'élevant et e
l'abaissant ensuite. C'est dans ce sens qu'ils citen
les paroles de Cicéron : *ipsa enim natura quasi mo*
dularetur hominum orationem. Comment, disent
ils, le discours des hommes pouvait-il être une cré

taine manière de chanter , si les tons de la voix n'a-
vaient pas changé selon les accens ?

J'ai démontré que cette hypothèse n'était pas
fondée : j'ajouterai quelques réflexions. Lorsqu'on
lit mentalement, aucun son ne se fait entendre; et cependant on jouit de l'harmonie produite par la diverse distribution des accens, tant dans les vers que
dans la prose : or comment cela aurait-il lieu , si les
accens dépendaient de la variété des sons , puisqu'il
n'en existe aucun ? dira-t-on que les sons existent
dans l'imagination? soit. Alors je demanderai si l'altération de la voix, selon la qualité de l'accent, se fait
naturellement comme l'accent même , ou par art.
Si elle se fait naturellement, tout le monde doit parler
et lire avec les mêmes intonations ; car ce qui est naturel se fait sans instruction , et sans qu'on puisse le
changer. Si c'est par art, personne ne doit exprimer
les accens , pas même les Grammairiens, puisqu'ils
ne conviennent pas entre eux que tels mots ont
l'accent aigu ou grave. Moi , par exemple, comment pourrais-je exprimer les accens, puisque j'ignore
la manière dont ils prétendent qu'ils se forment, et
que je n'y crois pas ?

Mais, comme je l'ai dit, les Grammairiens ont
confondu avec la mesure ce qui est le propre de l'harmonie. Car on dit qu'une voix est aiguë pour signi-
fier qu'elle est plus haute, comparée à celle qu'on

nomme grave parce qu'elle est plus basse. On dit
également qu'une voix est aiguë, pour dire qu'elle est
plus sensible, soit par sa force comparée à une autre
plus faible, soit parce qu'elle est rude, aigre, comparée à une plus douce.

Cicéron dit que la voix éprouve autant de modifications qu'il y a de sentimens à exprimer, et que
l'orateur doit en savoir faire usage : cette variété se
trouve dans l'étendue de la voix, et nous l'exprimons
en partie par ces mots *medium*, *aigu*, et *grave*.
Il fait ensuite l'application de ce qu'il vient de dire,
au discours, dont le chant moins élégant ne peut
être agréable à l'oreille, si l'art ne s'étudie à exprimer
la *voix aiguë*, c'est-à-dire la seule voyelle plus sensible, ou plus forte, que la nature a mise expressé-
ment dans chaque mot (1). Quintilien nous avertit

---

(1) Vocis mutationes totidem sunt quot animorum, qui
maximè voce commoventur.... Volet igitur ille qui eloquentiæ
principatum petit, et contenta voce, atrociter dicere, et sum-
missa, leniter : et inclinata, videri gravis : et inflexa, misera-
bilis. Mira est enim quædam natura vocis : cujus quidem, è tribus omnino sonis, inflexo, acuto, gravi, tanta sit, et tam
suavis varietas perfecta in cantibus.

Est autem in dicendo quidam cantus obscurior.... in quo illud
etiam notandum mihi videtur ad studium persequendæ suavitatis
in vocibus. Ipsa enim natura, quasi modularetur hominum orationem in omni verbo posuit acutam vocem.   *Cic. in Orat.*

(87)

que la condition du *mètre* changeait quelquefois la place de l'accent dans le même mot, ainsi que je l'ai fait observer dans la langue Italienne (1); d'où il faut conclure, contre l'opinion des Grammairiens, que de la diverse position des accens, dépendait l'harmonie de la langue latine, comme celle des langues modernes; autrement il eut été indifférent de placer l'accent sur une syllabe ou sur une autre, et même de le faire ou de ne pas le faire.

Pour ce qui est de la Langue Grecque, Aristoxène dit en propres termes que le chant du discours , ou , si l'on veut, l'harmonie, dérivait des accens qu'ils avaient dans les mots (2).

Mais parce que dans les langues anciennes toutes les syllabes étaient réputées longues ou brèves, et que les enfans mêmes savaient que la longue était de deux tems, et la brève d'un tems (3), les Grammai-

---

(1) Evenit ut metri quoque conditio mutet accentum ut :

pecudes pictæ que volucres.

Nam volucres media acuta legam : quia etsi natura brevis , tamén positione longa est , ne faciet iambum , quem non recipit versus heroicus.　　　　　　　　　*Fab. Quint. Instit. lib. I.*

(2) Dicitur enim et sermone aliquis fieri cantus , qui ex accentibus , quos in vocabulis habemus , componitur.

　　　　　　　　　Aristoxenes Introd. Harm.

(3) Longam esse duorum temporum , brevem unius , etiam pueri sciunt.　　　　*Fab. Quint. Instit. lib. IX.*

F 4

riens supposent que cette valeur s'exprimait dans la prononciation de telle manière que tout le monde, sans aucune instruction, distinguait la quantité des syllabes. Forts de cette supposition, ils en concluent que la prononciation de la langue latine est totalement perdue (1), ainsi que la vraie harmonie des

---

(*1) Le commun des hommes trouve plus commode de suivre une opinion vague et accréditée que de s'en former une, fondée sur un examen réfléchi. Ceci a lieu relativement à la prononciation de la langue latine, que l'on suppose perdue au point que les anciens Romains parlant avec les modernes ne pourraient pas s'entendre. Cette opinion aurait quelque vraisemblance, si la langue latine s'écrivait autrement qu'elle ne se parle, comme quelques langues modernes, et s'il s'était écoulé un laps de tems sans qu'on la parlât. Mais la langue latine s'écrit *quomodo sonat*, et on l'a parlée en tout tems et sans interruption. D'où il suit que non-seulement son ancienne prononciation ne peut être totalement perdue, mais qu'elle ne peut même avoir subi des altérations sensibles. Mais, dit-on, la langue latine est une langue morte, et puisque aucun peuple n'en fait sa langue familière, on ne peut plus, parconséquent, savoir quelle était sa vraie prononciation. L'argument n'est que spécieux. Les savans de tous les pays se moquent du langage populaire, qu'ils évitent d'imiter ; par quel hasard réserveraient-ils au peuple de faire autorité seulement pour la langue latine ? Cette déférence serait-elle fondée sur ce qu'Horace a écrit dans sa poétique, que l'usage est l'arbitre et la règle des langues ? Rien de plus vrai : mais Horace à coup sûr n'a pas entendu parler de l'usage populaire, parcequ'il serait en op-

vers hexamètres et pentamètres, ils pourraient, dans le même sens, en dire autant de tous les autres et

---

position avec lui-même dans plusieurs autres endroits de ses écrits; et le conseil qu'il donne aux écrivains romains, de tirer d'une source grecque les mots qu'ils auraient besoin de former, serait ridicule, car il est très probable que le peuple Romain n'entendait pas le grec. Quintilien, *lib.* 1. *cap. VI*, a décidé la question : *Et sane quid est aliud vetus sermo quam vetus loquendi consuetudo ?.... Quæ si ex eo quod plures faciunt, nomen accipiat, periculosissimum dabit præceptum, non orationi modo, sed (quod majus est) vitæ.... Ergo consuetudinem sermonis, vocabo consensum eruditorum, sicut vivendi consensum bonorum.* Par l'usage, seul arbitre et regle des langues, on doit donc raisonnablement entendre celui commun aux personnes qui ont fait une étude particulière de la langue, qui en ont médité les principes et les regles, comme Caton et Ænnius qu'Horace cite comme modèles. Or si le langage et les principes des gens érudits doivent servir de regles toutes les fois qu'il s'agit de langues, la prononciation de la langue latine est inaltérablement fixée, reconnue, observée. Elle est fixée par le consentement des auteurs anciens, reconnue dans leurs écrits, observée selon leurs préceptes. Je prends Rome pour exemple : la langue latine n'a jamais cessé d'être la langue de l'état, la langue publique, et celle des savans : le peuple, dont on prétend se faire une autorité, n'a jamais cessé un seul jour de l'entendre parler et de la prononcer lui-même de la manière que les gens érudits la prononcent. Mais si une nation ne peut changer tout-à-coup de prononciation, même en parlant une langue étrangère, ne serait-ce point aller contre

qu'il n'est plus possible de composer de vers de ces
deux espèces dans les langues modernes.

---

toutes les loix de la vraisemblance , de prétendre que les Romains
aient oublié celle qui leur a été transmise par tradition de père en
fils ? A Rome on plaide encore en latin : les avocats d'aujourd'hui
ont certainement dû écouter avec attention leurs prédécesseurs , et
en remontant ainsi, nous parviendrons, sans interruption, à Cicéron
et à Hortensius qui nous ont transmis la vraie tradition de leur
propre prononciation. L'instruction publique et particulière se donne
en latin : les anciens rhéteurs ont montré la vraie prononciation
à leurs élèves, qui , devenus maîtres à leur tour, l'ont transmise à
leurs successeurs. Le Christianisme s'est établi à Rome lorsque la
langue latine fleurissait encore : toutes les prières publiques et
particulières s'y font en latin : la prononciation des vieillards dans
les temples comme dans les maisons , s'est donc communiquée
aux enfans qui, à leur tour, l'ont successivement transmise à leurs
neveux jusqu'à nous. Mais je ne dois pas oublier ici les femmes
qui sont nos premiers maîtres , sur-tout en fait de langues.
Cicéron a remarqué qu'elles conservent invariablement la prononciation de leur propre langue : *Facilius enim mulieres incorrup-
tam antiquitatem conservant , quod multorum sermonis expertes
ea tenent semper, quæ prima didicerunt.* Qui est-ce qui nous
aurait enseigné à prononcer le *c* autrement que toutes les autres Nations ? A prononcer le *t* doux dans certains mots, dur
dans d'autres ? Enfin la prononciation de la langue latine
dans la bouche des Romains d'aujourd'hui, se trouve tellement
conforme à tous les préceptes que les anciens en ont donné,
que la plus petite nuance y est observée au point, que des mots,
comme *amor, dolor, color*, ainsi qu'à l'ablatif *amore, dolore*,

Il est certain, ainsi que je l'expliquerai bientôt, que toutes les syllabes étaient considérées brèves ou longues, et qu'on assignait la valeur de deux tems à chaque longue, et la valeur d'un tems à chaque brève. En supposant donc avec les Grammairiens, que cette valeur s'exprimât dans la prononciation, les Anciens n'auraient pas joui de la liberté que nous avons, et qu'ont tous les peuples de la terre, quelle que soit leur langue, de s'arrêter en parlant un peu plus ou un peu moins sur telle ou telle voix, selon qu'il est nécessaire pour reprendre haleine, ou pour donner à ce qu'on débite l'expression convenable. Les Anciens donc, ou conservaient tous, et toujours en parlant et en lisant, le même mouvement, ou ils choisissaient en commençant celui qui leur paraissait le plus commode, et ils le poursuivaient sans le changer jusqu'à la fin, comme font les musiciens. Il faut nécessairement admettre l'une ou l'autre de ces choses; car sans l'égalité stable de la prononciation dans ceux qui parlent, le son de chaque syllabe n'aurait point eu ses justes mesures ainsi que l'exigent les Gram-

---

colore et beaucoup d'autres qui sont à la fois latins et vulgaires, se prononcent avec une nuance différente dans chaque langue respective. Ces nuances, cette conformité de l'usage avec les préceptes ne subsisteraient certainement pas si la prononciation s'était altérée, encore moins si elle était perdue.

mairiens. Mais pareilles choses (s'écrie le **P. Sacchi**) semblent-elles, au sage lecteur, être dignes de foi ? Est-il possible qu'un peuple, une famille, un seul homme parlât ainsi ? Pourquoi se priver de cette liberté de parler plus ou moins lentement que la nature a accordée à tout le monde, qui est très commode pour celui qui parle, qui varie continuellement le discours, lui donne la force, et l'embellit ? Si les Grecs et les Romains eussent voulu s'en priver, et eussent aimé mieux parler avec cette ennuyeuse et fatigante uniformité de mesure que les Grammairiens leur prêtent, comment auraient-ils pû le faire ? cela ne leur eut été possible en aucune manière, et l'on peut m'en croire ; ma longue expérience me prouve tous les jours combien il est difficile de faire chanter en mesure ; malgré que la diverse figure des notes, qu'on a sous les yeux, indique la valeur déterminée de la syllabe, malgré le mouvement de la main qui marque la mesure, malgré l'accompagnement de l'instrument qui imprime la durée des sons dans les oreilles. Les Grecs et les Romains auraient donc pû parler en mesure sans aucune instruction, sans aucun guide, sans aucune regle ? non, je le répète, non ils n'auraient pû le faire.

Mais les Grammairiens ne se contentent pas de raisons, il leur faut des autorités. Or, Horace a dit dans son Art Poétique que toute personne n'était pas sensible au défaut de mesure dans les vers, et que plusieurs poëtes négligeaient la regle des syllabes.

> Non quivis videt immodulata poemata judex,
> Et data Romanis venia est indigna poetis.

Quoiqu'il ne soit parvenu jusqu'à nous que les poésies des auteurs les plus célèbres, cependant il nous reste quelques fragmens qui offrent la preuve de ce que je viens d'avancer d'après ce grand maître.

> Postquam est morte captus Plautus commœdia luget,
> Scena est deserta ; dein risus, ludu', jocusque,
> Et numeri, innumeri, simul omnes collacrimarunt.

Or comment ces fautes auraient-elles eu lieu, si les longues et les brèves s'étaient fait sentir à l'oreille de tout le monde? On peut défier les Grammairiens de nous prouver que cela fût ainsi, et surtout de nous l'expliquer.

CHAPITRE III.

Des réponses aux objections des Grammairiens.

Les Grammairiens prétendent fonder leur doctrine sur quelques passages des Anciens. Ils s'étayent d'abord de certaines paroles de St.-Augustin, tirées du second livre de la Musique, où cet homme incomparable récite le premier vers de l'Ænéïde : *Arma virumque cano Trojæ qui primus ab oris ;* puis, changeant le mot *primus* en celui de *primis*, il prononce la deuxième syllabe tantôt brève, tantôt longue, et alors son interlocuteur répond : *nunc vero negare non possum nescio quá soni deformitate me offensum.* De ces paroles les Grammairiens concluent que dans l'ancienne prononciation on exprimait la quantité des syllabes, et qu'elle se faisait sentir à l'oreille de tout le monde. Mais cette conclusion n'est pas juste, car St.-Augustin dit à l'endroit cité, que cette prétendue prononciation n'existait plus, parconséquent il ne pouvait pas la connaître, ni prononcer les syllabes d'après elle. L'oreille de l'interlocuteur choquée par la syllabe prolongée, ne prouve pas que les Anciens exprimassent la valeur des syllabes dans leur prononciation, elle prouve, seulement, que l'har-

monie du vers avait été altérée par la transposition de
l'accent de la première à la seconde syllabe du mot,
comme chacun peut s'en convaincre en faisant la
même transposition.

Si notre auteur ne connaissait pas cette prétendue prononciation imaginée par les Grammairiens,
(et il laisse assez voir qu'il ne l'admettait pas) (1)
il n'ignorait certainement pas la quantité des syllabes,
soit comme musicien puisqu'il composait de la Musique, soit comme poëte puisqu'il remporta le prix de
poésie, et fut publiquement couronné, ainsi qu'il
l'avoue lui même dans ses Confessions. Cependant
dans son chant sur l'hymne *Te Deum laudamus*,
dont les paroles sont écrites en prose, il a quitté la
regle métrique, et suivi celle de l'accent; car il donne

---

(1) Primum responde utrum bene didiceris eam, quam
Gramatici docent, syllabarum brevium, longarumque distantiam;
an vero sive ista noris, sive ignores, mavis, ut ita quævamus....
ut ad omnia nos ratio potius perducat, quam inveterata, consuetudo, aut præjudicata cogat auctoritas ?

Itaque verbi gratia cum dixeris *cano*, vel in versu forte posue-
ris, ita ut vel tu prononcians producas hujus verbi syllabam pri-
mam, vel in versu eo loco ponas, ubi esse productam oportebat,
reprehend et Gramaticus, custos ille videlicet historiæ, nihil aliud
asserens, cur hanc corripi oporteat, nisi quod ii, qui ante nos
fuerunt, et quorum libri extant, tractanturque a Grammaticis,
ea correpta, non producta usi fuerint. Quare hic, quidquid va-
leat auctoritas, valet.　　　　　　　　　*August. de Musica.*

deux et même trois notes , ou tems , aux syllabes
brèves qui ont l'accent, et souvent il ne donne qu'une
note , ou un tems aux longues par les regles mètri-
ques, mais qui n'ont pas l'accent.

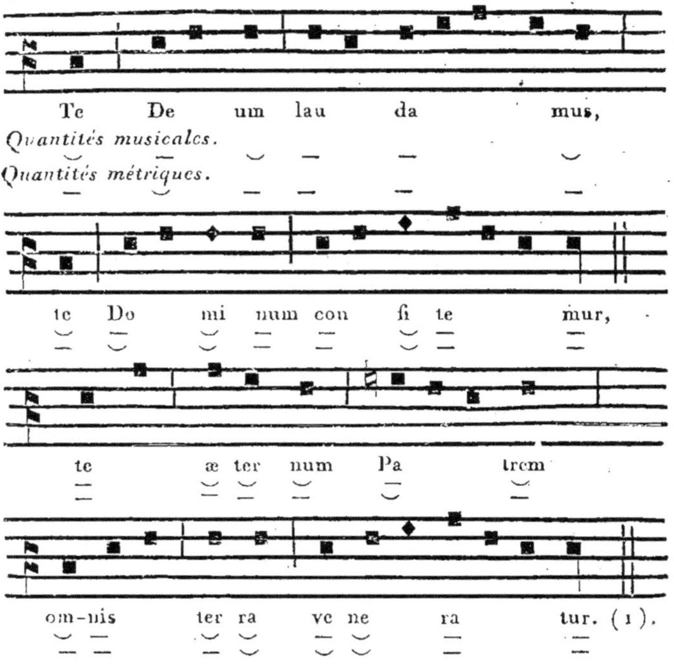

(1) J'ai supprimé , dans cet exemple , les notes originales grec-
ques , d'abord parceque je ne les ai pas jugées fort utiles , et en second lieu , à cause de la difficulté de trouver les caractères Typo-
graphiques qui les représentent ; mais les curieux pourront les
voir dans la préface de Meibomius qui les a traduites, de la manière dont on le voit dans l'exemple.

Ce.

"Ce qui a surtout induit en erreur les Grammairiens, et ce qui sert à prolonger cette erreur, c'est le sens faux qu'ils attribuent à un passage du *traité de l'Orateur* de Cicéron que l'abbé Colin a traduit ainsi : *On voit qu'au théâtre les comédiens ne peuvent faire dans un vers une syllabe ou plus longue ou plus brève qu'il ne faut, qu'aussitôt toute l'assemblée ne s'élève contre cette mauvaise prononciation.* Le texte dit : *in versu quidem theatra tota exclamant si fuit una syllaba aut brevior aut longior.* Ce que dit le traducteur n'est point ce que Cicéron a voulu dire ; il ne parle ici ni de comédiens, ni de prononciation, car il commencerait par poser comme principe, ce qu'il cherche à prouver. Son objet était de convaincre certains difficiles de son tems qui disaient ne pas aimer une prose harmonieuse, et préférer celle des auteurs Grecs parce qu'elle n'était pas nombreuse. A ce propos, Cicéron dit qu'ils parlent sans les avoir lus, et qu'ils devraient au moins se laisser aller à leur propre sentiment; car pour juger d'harmonie et de mesure on n'a qu'à consulter son oreille, qui est naturellement sensible à la moindre altération de la mesure. Il prouve cela par l'exemple du chant, et par l'impression qu'il faisait sur la multitude dans les théâtres ; et ayant posé cela comme principe général, il vient enfin à conclure que le discours a, et doit avoir *un nombre.* Telle est l'opinion de Cicéron dans

G

ce passage, et je crois à mon tour qu'il faut ne l'avoir pas lu pour en douter ; le voici : *Quis ergo istos fe-*
» *rat, qui hos auctores non probent ? Nisi omnino*
» *hæc esse ab his præcepta nesciunt. Quod si ita*
» *est, nec vero aliter existimo : quia ipsi suis sen-*
» *sibus non moventur, nihilne eis inane videtur ?*
» *nihil inconditum, nihil curtum, nihil claudicum,*
» *nihil redundans ? in versu quidem theatra tota*
» *exclamant si fuit una syllaba aut brevior aut lon-*
» *gior : nec vero multitudo pedes novit, nec ullos*
» *numeros tenet, nec illud, quod offendit, aut cur,*
» *aut in quo offendi, intelligit, et tamen omnium*
» *longitudinum, et brevitatum in sonis, sicut acu-*
» *tarum graviumque vocum judicium ipsa natura in*
» *auribus nostris collocavit* ». Cicéron parle donc du *chant musical*, et non de la *prononciation*, car autrement il se contredirait lui-même, puisqu'il dit bientôt après, que les vers qui se débitaient au théâtre étaient si pauvres d'harmonie, qu'étant dépouillés du chant, ils devenaient tout-à-fait semblables à la prose, et que, n'étant point accompagnés de la Musique, on ne pouvait plus retrouver en eux ni mesure, ni même aucune forme de vers (1). Au reste, Cicéron, ici

---

(1) Sed in versibus res est apertior ; quamquam etiam a modis quibusdam cantu remoto, soluta esse videatur oratio, maximeque id in optimo quoque eorum poetarum, qui Λυριχοι

(99)

de même qu'au troisième livre de l'Orateur, où il répète le même exemple pris du théâtre, ne parle, et
ne peut vouloir parler que du chant, puisqu'il est
hors de doute que les vers qui se débitaient alors aux
théâtres, étaient chantés et non déclamés; malgré tous
les argumens que certains critiques modernes ont mis
en avant pour prouver que dans les drames Grecs et
Latins on ne chantait que les Chœurs. On peut lire
sur cela, outre plusieurs autres auteurs dignes de foi,
le IVe. Chap. de l'extrait de la Poétique d'Aristote
par Metastasio. Mais il est inutile d'insister sur pareilles difficultés qui vont être éclaircies de suite ; et
je m'abstiens de répondre à quelques autres objections de même nature, moins importantes même en
apparence.

a Græcis nominantur , quos cum cantu spoliaveris , nuda pæne
remanet oratio ; quorum similia sunt quædam , etiam apud nos-
tros , velut ille in Thyeste :

Quemnan te esse dicam? qui tarda in senectute.

Et quæ sequuntur : quæ nisi cum tibicen accessit , orationi sunt
solutæ simillima. At Comicorum Senarii propter similitudinem
sermonis sic sæpe sunt abjecti , ut nonnumquam vix in his numerus , et versus intelligi possit : quo est ad inveniendum difficilior
in oratione numerus , quam in versibus. *Cic. in Orat.*

~~~~~~

CHAPITRE IV.

De l'ancienne Quantité des syllabes, et de son emploi.

Quelques Auteurs d'une opinion contraire à celle des Grammairiens que nous venons de citer, convaincus de l'impossibilité de conserver en parlant la quantité déterminée de toutes les syllabes, se sont efforcés de prouver que dans les anciennes langues, cette quantité prétendue était imaginaire, et par là sont tombés dans une autre erreur. Les raisons alléguées par les uns et par les autres, n'ont fait qu'augmenter l'incertitude de ceux qui cherchaient à être éclairés sur ce point, et les mêmes préjugés subsistent. La cause de ces deux erreurs diametralement opposées, vient de ce que personne n'a abordé franchement la question, faute d'avoir réfléchi à ce que nous dit Quintilien, que *la Grammaire ne peut être parfaite sans les connaissances de la Musique, puisqu'elle doit parler des mètres et des rythmes* (1).

-----

(1) Tum nec citra musicen grammatice potest esse perfecta, cum ei de metris, rhythmisque dicendum sit.

Quint. lib. 1. cap. IV.
~~~~~~

Voulant donc porter un jugement impartial sur la quantité des syllabes, de laquelle se formaient anciennement les mètres et les rythmes, il faut avoir recours à la Musique (1).

Le premier qui inventa la Musique fut Jubal (2). Je ne connais pas l'époque assignée à l'invention de la Poésie ; mais il serait difficile de lui en assigner une autre que celle assignée à la Musique, puisque ces deux Arts ont dû naître en même tems ; ou, pour

---

(1) Pour prouver combien les grammatico-logiciens sont éloignés des principes de la musique, je rapporte la traduction des vers suivans d'Horace par Dacier, à qui certainement on ne peut refuser d'ailleurs une très vaste érudition. Horace indique ici la division de l'octave d'après l'ancien système musical.

Si collibuisset, ab ovo

Usque ad mala citaret, Io Bache modo summa

Voce, modo hac resonat chordis quæ quatuor ima.

Et si la fantaisie l'en avait pris, depuis le commencement du repas jusqu'à la fin, il n'aurait fait que dire : O Bacchus, tantost en chantant le Dessus, et tantost en chantant la Basse, et en accompagnant de son Tetrachorde. Et dans les remarques il ajoute : on peut inférer de ce passage que le Tetrachorde était ordinairement un Dessus. Lorsqu'on ignore les premiers principes à ce point, on ne devrait jamais oser décider sur ce qui a rapport aux sons.

(2) Jubal : ipse fuit pater canentium cithara et organo.

Genes. cap. V. vers 21.

G 5

mieux dire , ces deux Arts , dans leur principe n'en faisaient qu'un. Ceux qui en ont fait les premiers essais, d'après l'opinion même d'Aristote , de Cicéron et de Quintilien , n'avaient certainement pas l'intention , ni même l'idée , de composer des phrases de chant , ou des vers : leur but se bornait simplement à chercher les tournures de chant qui leur paraissaient les plus agréables à l'oreille , et nul doute que celui qui est parvenu le premier à former une phrase de chant régulière, n'ait composé le premier vers. Cela ne pouvait être autrement, parce que la phrase de Musique se trouvant régulièrement mesurée , et les paroles , pour s'y adapter, devant nécessairement prendre la même forme, se sont trouvées régulièrement mesurées elles mêmes. *Ita notatio naturæ, et animadversio peperit artem.* Aussi l'on n'ignore pas que les premiers musiciens furent les premiers poëtes : je nommerai entre autres , Moyse (1), David (2) , Orphée, Linus (3). Les Anciens enfin, après avoir

____

(1) Scripsit Moyses canticum et docuit filios Israël. *Deut. c.* 32. *v.* 22.

Moyses , etiam divino testimonio clarus, hac disciplina eruditum fuisse Philo tradit. *M. Meib.*

(2) Lib. Psalm. *Lib. II. Reg. o.* 22 *v.* 1. *Paralip. c* 16.

(3) Nam quis ignorat musicen tantum jam illis antiquis temporibus non studii modo , verum etiam venerationis habuisse , ut

observé les effets produits par les diverses proportions des sons , s'étudièrent à établir des signes représentatifs , lesquels mis en usage furent une espèce
d'écriture particulière à la Musique , comme celle
qu'on voit chez nous. Nous avons seulement connaissance de celle en usage chez les Grecs , dont l'invention
paraît leur appartenir , à moins qu'on n'aime mieux
supposer , qu'eux mêmes l'ayent imitée des Égyp-
tiens , chose probable , mais indifférente à la question (1).

Les Latins adoptèrent entièrement le système musical des Grecs, jusqu'à faire usage des mêmes noms,
des mêmes caracteres , et des mêmes manières de les
noter. Boèce substitua les caracteres romains aux caracteres grecs , et ce fut le seul changement opéré
jusqu'au moment où le génie de Gui d'Arezzo donna
naissance au système de la Musique moderne par

---

iidem , musici , et vates , et sapientes judicarentur? mittam alios,
Orpheus , et Linus.

    Quint. lib. 1. cap. X. Cic. de Orat. Strabo lib. I et X
      de geographia.

    (1 .) At verò post diluvium Ægyptii primi fuerunt perditæ
Musicæ instauratores. Hi enim à Chamo , et Mesraimo filio ejus
instructi Musicam in tantum illustrarunt , ut vel ab Ægyptio
verbo Moys Musica etymon suam sumpserit.

      Kircher Musurg. lib. 2 cap. 1 pag. 44.

l'invention des nouveaux chiffres, perfectionnés depuis. Il est même très probable qu'à cette époque, plusieurs chants (ceux au moins qui étaient les plus en faveur dès ce tems là) ne se sont conservés qu'au moyen de l'écriture moderne, de manière qu'ils ont perdu pour nous les signes authentiques de leur antiquité. Il ne faut donc pas être surpris s'il ne nous reste aucun fragment connu de la Musique de l'ancienne Rome.

Pour ce qui regarde la mesure, ou la durée particulière des sons, elle se déduisait de la même syllabe qui devait se prononcer pendant que la voix formait le dégré du son indiqué par la lettre alphabétique. La durée de chaque syllabe était de deux seules valeurs différentes, longue et brève ; et il fut établi que la longue aurait invariablement la valeur, ou la durée de deux tems, et la brève d'un tems. Quintilien nous dit que cela était connu même des enfans ; mais, ni les enfans, ni toutes les grandes personnes ne savaient pas toujours si telle syllabe devait être longue, ou brève, parce que leur quantité particulière ne s'exprimait que dans le chant, et nullement dans la prononciation du discours (1).

---

(1) Cantantium autem vox debet habere intervalla non sonorum tantum, sed et temporum, ita ut singuli pedes, et

Cette vérité n'aurait jamais dû être révoquée en doute , parce qu'elle est de fait , et je ne sais comment on ne la trouve pas produite dans les diverses discussions grammaticales , puisqu'elle éclaircit tous les doutes , et termine toute dispute sur ce sujet. Car enfin comment noter la Musique, et l'exécuter , sans savoir distinguer la mesure ? et comment distinguer la mesure sans préalablement convenir de la valeur des signes qui la représentent ? Or , puisque les syllabes étaient les signes représentatifs de la mesure musicale, il fallut bien , pour s'entendre , déterminer leur valeur , et fixer ensuite un mode , ou des regles pour en connaître la différence. Que si la quantité syllabique eut été donnée par la nature, et qu'elle se fut exprimée dans le discours sans effort , et sans intention , il n'aurait pas fallu établir des regles pour la connaître, car l'accent qui est donné par la nature se fait sentir , et se fait distinguer sans le secours d'aucune regle. La multiplicité même de ces regles métriques , souvent incertaines , suffit pour persuader tout homme qui veut réfléchir de la vérité de ces observations.

Les Grecs ne s'assujettirent pas aux quantités syl-

---

singula membra exacte distingui possint ; aliter enim olim si fieret non cantare , sed loqui dicebantur.

Isaac Vossius de Pœmat. pag. 30.

labiques autant que les Latins , et cela me paraît naturel. Dans l'alphabeth de la langue Grecque il y a souvent plus d'un caractere pour indiquer la même lettre; or, d'après la convention faite qu'une voyelle présentée sous tel caractere serait longue, et sous tel autre, brève, il est évident que la diversité du caractère changeait la quantité de la syllabe, comme lorsque nous écrivons une note de figure ronde, blanche ou noire. Ainsi Homère écrit: πατερ, Αρες ou πατηρ, Αρης, selon qu'il veut la dernière brève, ou longue. D'ailleurs les Grecs étaient plus près de la source ; tant que la Musique et la Poésie n'ont formé qu'un seul et même art, exercé par les mêmes personnes , tout marchait facilement d'un commun accord, et chacun devait reconnaître la mesure de son chant sans le secours des regles. Aussi l'Histoire nous a transmis sur les effets de ces deux Arts réunis, des choses qui semblent passer toute croyance ; mais lorsqu'on eût séparé les deux sœurs jumelles , que le musicien s'est isolé du poëte , et réciproquement, il a bien fallu établir des regles pour pouvoir s'entendre. Plus on s'est éloigné de la source , plus on a dû les multiplier , parcequ'insensiblement, on perdait la tradition des premiers principes : enfin l'on est arrivé au point de vouloir les remplacer par les opinions les plus bizarres.

C'est aussi pour avoir perdu de vue la tradition

des premiers principes qu'on a peine à croire que les anciens accens fussent tels que nous les prononçons aujourd'hui, parce que plusieurs syllabes accentuées se trouvent brèves. Mais personne, peut-être, n'a fait réflexion que, si les Anciens avaient pris pour base principale de leur système, la regle de l'accent, ils n'auraient su comment indiquer la mesure, et que leur Musique n'aurait pû être notée en mesure. La raison en est simple. Chaque mot contient une seule syllabe accentuée, parconséquent une seule syllabe longue : mais un mot composé de quatre ou de cinq syllabes, dépasse les limites naturelles d'une mesure, et ne pourrait se prolonger sur l'autre, parce que l'autre mesure veut aussi une autre syllabe longue que le mot ne fournirait pas. Les Anciens songèrent donc à trouver un autre moyen, et ils prirent le parti de fixer une quantité, tant vraie qu'idéale, à chaque syllabe : de là naquirent les lois métriques, lesquelles avaient leur valeur réelle dans les sons de la Musique, et leur valeur idéale, ou de convention dans le vers, qui faisait lui-même partie intégrante de la Musique comme indice de la mesure. Les langues modernes n'ont pas un code de lois métriques ; parce que la nouvelle invention des notes musicales les a rendues inutiles.

CHAPITRE V.

Du Pied Poétique.

Le Pied poétique est l'indice de la mesure musicale, ou, si l'on veut, le Pied est une mesure musicale simple (1).

---

(1) Quid est ingressio ? constructio pedum, vel pedes clausulam habentes. Quam dicimus esse elationem ? Cum pes est oublatus, ubi incedere voluerimus. Quam verò positionem ? Cum est depositus.

Bacchi Senior. Harm.

Pes est numeri prima progressio per legitimos et necessarios sonos juncta, cujus partes duæ sunt Arsis et Thesis. Arsis est elevatio, Thesis depositio.... *Martianus Capella.*

Pes est pars totius rhythmi, per quam totum percipimus. Huic duæ sunt partes, elatio et positio.

Aristides Quintil. pag. 10.

Sed hoc nobis considerantibus opus est hæc duo nomina mandare memoriæ, levationem, et positionem ; in plaudendo enim quia levatur, et ponitur manus, partem pedis sibi levatio vindicat, partem positio. *Augustinus lib. 2 cap. 10.*

Pied est donc le nom générique qu'on donnait anciennement à une mesure de Musique, qu'on ap-
pellait aussi *progressio* acheminement, et plus souvent *ingressio entrée*, mot que nous avons conservé : car on dit en Musique qu'une partie entre
pour dire qu'elle commence son chant.

Le *Pied* ou la *Mesure*, se composait de deux
parties, le *levé* et le *frappé*; nous avons l'habitude
de commencer par nommer le *frappé*, puis le *levé*,
ce qui dépend de la manière de s'exprimer.

Il a été démontré qu'un seul son, où une seule
note, ne pouvait jamais produire une mesure, par
la même raison une seule syllabe ne peut pas former
un pied poétique (1).

---

(1) *Una longa non valebit edere ex se se pedem,*
Ictibus quia fit duobus non gemello tempore.
Brevis utraque sic licebit. Bis feriri convenit :
Parte nam attollit sonorem, parte reliqua deprimit.
Ἄρσιν hanc græci vocarunt, alteram contra θέσιν

Maurus Terentianus.

CHAPITRE VI.

Du Mètre.

Le Mètre est l'ensemble , ou l'accouplement de
deux mesures musicales , ou de deux pieds poétiques semblables. J'ai déja donné la raison de cette
distinction de pied et de mètre en faisant voir qu'une
mesure seule , isolée , a bien la quantité requise qu'il
lui faut ; mais qu'elle est indécise, parce que la mesure
ne devient sensible à l'oreille qu'en comparant la seconde avec la première , en sorte que dans deux
mesures simples il n'y a vraiment qu'un seul mouvement déterminé qui établit la qualité , ou la manière d'être de la mesure. Le Mètre est donc l'accouplement de deux pieds semblables , ou une mesure
accomplie (1).

---

(1) M.   Unus ergo pes metrum non est ?

D.   Non utique.

M   Quid ergo pes et semipes ?

D.   Ne hoc quidem.

M.   Quare ? an quia metrum pedibus confit , nec ubique possunt dici pedes , ubi nusquam duo sunt ?

D.   Ita est.   *Augustinus lib. 3 cap. 7.*

C'est aussi la définition qu'en donne Aristide : le métre, dit-il, est le systême des pieds composés de syllabes dissemblables. Quelques-uns disent qu'il différe du Rythme, comme la partie diffère du tout, parce que le mètre est une portion du Rythme : d'autres disent qu'il en diffère par la matière, parce que le Rythme consiste dans le levé et le frappé de la main, sans égard aux divisions qui composent la mesure, tandis que le mètre consiste dans la répartition régulière de ces mêmes divisions (1).

---

(1) Porro ex pedibus constant metra. Metrum autem est systema pedum ex dissimilibus syllabis compositorum ad longitudinem mediocrem. Differre autem à rhythmo ajunt alii, ut à toto partem : Sectionem enim rhythmi ipsum dicunt : unde et metrum à *mirin*, quod partiri significat, esse dictum ; alii per materiam. Eorum enim quæ fiunt ex duobus dissimilibus, minimum esse rhythmum, qui in elatione et positione essentiam habet ; metrum verò in syllabis ; atque horum dissimilitudine. Hinc rhythmum quidem consistere tam per similes syllabas, quam per oppositos pedes, metrum verò per pedes, qui omnes syllabas similes habeant, numquam ; per oppositos pedes rarò.

Aristides Quint. pag. 49.

CHAPITRE VII.

Du Rythme.

Ce que les Grecs ont nommé Rythme est défini par Platon dans ces termes. *L'ordre du mouvement qui s'appelle Rythme* (1). Il est démontré que les deux mesures simples, étant susceptibles de cinq ordres de mouvement, les Rythmes réguliers simples sont au nombre de cinq (2), d'après la position que l'accent occupe dans les divers tems qui composent les mesures, ou les pieds poétiques simples et réguliers, dont les noms et l'exemple suit.

---

(1) Voyez la note (1) du 1er. Chapitre.

(2) Les anciens n'ont fait usage , comme j'ai déja dit , que de quatre espèces de rythmes ; savoir , le Trochaïque , l'Iambique , la Dactylique et l'Anapestique. Le rythme Amphibrachique, d'après leur système , présente beaucoup de difficultés dans le calcul de la mesure ; c'est pourquoi ils n'ont employé l'Amphibrache que comme pied de supplément.

Nom des Pieds.

Nom des Pieds.

Lang.	Trochée.	Iambe.	Dactyle.	Amphibrache.	Anapeste.
Grecque.	μυσα / τερμα	Διος / χεων	σηματα / κηδετο	γλαφυρης / ηηροντο	αειδε / φαμαθος
Latine.	musa / forma	amas / iners	pectore / mœnia	aperta / docere	facies / pueros
Italienne.	musa / fonte	pietà / farò	vergine / scrivere	potente / godere	carità / amerò
Française.	muse / vaincre	secours / aimer	La langue française n'a point de dactyles.	propice / ténèbres	souvenir / charité
Espagnole.	musa / agua	muger / favor	musica / habito	suave / valiente	labrador / amaras
Allemande.	Liebe / Erde	Betrug / bedacht	Leussete / dichtete	Gefolge / Triumphe	Dämmerung / Vaterland
Anglaise.	Glory / gentle	Delight / appear	Jurious / Slavery	Remember. / neglected	disappoint / Solitude.

Ces cinq divers pieds poétiques, communs à presque toutes les langues, sont ainsi déterminés d'après la marche de la mesure propre à chacun d'eux, et sont comme les matériaux dont se composent les cinq divers ordres réguliers du mouvement, ou les cinq Rythmes, savoir : le Trochaïque, l'Iambique, le Dactylique, l'Amphibrachique et l'Anapestique.

Le Rythme consiste donc dans une succession indéfinie de pieds poétiques semblables, c'est-à-dire dans une répétition continue du même pied, à laquelle il n'est fixé aucun terme (1). Ce terme peut être plus ou moins éloigné, selon l'idée du poëte ; mais le passage continuel d'un Rythme à un autre, serait fort désagréable, quand même les Rythmes qu'on mêlerait ensemble, auraient la même quantité. Voilà pourquoi le Dactyle avec l'Anapeste, l'Iambe avec le Trochée ne peuvent pas se mêler dans le même Rythme. Quoique le Dactyle et l'Anapeste appartiennent à la mesure ternaire quant à la quantité,

---

(1) Rhythmis libera spatia, metris finita sunt : et his certæ clausulæ : illi, quomodo cœperunt currunt usque ad μεταβολήν, id est transitus in aliud genus rhythmi.

Rhythmi, ut dixi, neque finem habent certum, nec ullam in contextu varietatem ; sed, qua cœperunt, sublatione et positione ad finem usque decurrunt.

Fab. Quint. Inst. lib. IX cap. IV.

et l'Iambe et le Trochée à la binaire , ils ne conservent pas le même ordre quant à la percussion de l'accent, et leur mélange blesse autant l'oreille que si la mesure changeait, parce que l'ordre interrompu de la percussion change effectivement la manière d'être de la mesure (1).

____

(1) Quæri non immerito potest , utrum recte misceantur pedes , qui quamquam sint æquales tempore , non eadem tamen percussione concordant , quæ elevatione , et positione partes pedis sibimet confert.... Nam inæqualis plausus , quomodo sensum non offendat , ignoro.   *August. lib. 2. cap. XI.*

CHAPITRE VIII.

De la nature du Vers.

On distingue trois genres de vers : le *Métrique*, l'*Harmonique* et le *Rythmique*. Le *Métrique* est celui dans lequel on mesure la quantité du tems : le vers Grec et Latin lui appartiennent. Dans l'*Harmonique* on ne considère point la quantité du tems, mais seulement le nombre des syllabes, et l'ordre des accens : à ce genre se rapportent les vers des langues modernes. Le *Rythmique* enfin est de deux espèces, parce qu'il peut se trouver dans la poésie ancienne et dans la poésie moderne. Tel serait le Pentamètre suivant :

Cui falcata sedet sub pede sancto Luna.

Après avoir distingué et défini ces trois genres de vers, les Auteurs disputèrent sur le plus ou le moins de mérite de chaque genre ; chacun d'eux donnant la préférence à celui qu'il adoptait. Je n'entretiendrai pas le Lecteur de ces détails ; s'il était curieux de connaître à fond les différentes opinions sur cette matière, il pourrait lire l'ouvrage de l'abbé **Quadrio**, intitulé : *Storia, e ragione d'ogni Poesia.*

Quelle est donc enfin la nature du Vers ? Nous avons vu que l'harmonie musicale , qui résulte de la mesure du tems, se forme de proportions relatives , et que les plus étendues de ces proportions sont celles nommées *phrases* , auxquelles il n'est fixé aucun terme , et de la succession desquelles se forme un ensemble nommé *Air* , *Chœur* , *etc.* : nous avons observé encore , que les mêmes proportions qui regardent la mesure du tems , nommées *pied* , *mètre* , *rythme* , sont indispensables à la poésie ; et personne ne peut révoquer en doute que les Vers ne se forment du concours de ces diverses proportions relatives. Le Vers sera donc la plus étendue des proportions harmoniques de la Poésie , ou , pour mieux dire , le Vers n'est autre chose qu'une phrase sonore dont l'étendue peut varier , et dont le retour périodique forme un ensemble nommé Ode , Chanson , Elégie , Chant , etc. Or , comme tout ce qui produit l'harmonie sonore ne peut dériver que d'un seul et même principe , il est clair qu'une phrase poétique et un vers sont de la même nature qu'une phrase musicale , ou pour mieux dire , sont la même chose , puisque l'une et l'autre dérivent de la même source , se composent des mêmes proportions , et concourent de la même manière à former un tout.

H 3

CHAPITRE IX.

Des Dimensions du Vers.

Le Vers est une phrase harmonique, dont la durée est mesurée ; et cette phrase est toujours la même, soit qu'elle se trouve simplement dans les sons de quelqu'instrument, soit qu'elle se place dans le chant de la voix humaine, ou seulement dans les sons des paroles destinées au chant, comme est le Vers. Si on voulait le nier, il faudrait alors indiquer une autre cause d'où procédât l'harmonie du vers ; mais cette autre cause ne se trouvera pas. Or, comme une phrase musicale, ou harmonique, ne peut contenir dans son étendue, ni moins de trois, ni plus de cinq mesures simples, de même la véritable dimension d'un Vers ne peut se composer ni de moins de trois, ni de plus de cinq pieds poétiques.

Ce que je viens de dire ne s'accorde guere avec l'opinion générale ; car on dit, et on croit que le Vers hexamètre et le Vers *sénaire,* ont chacun six pieds. S'ils en avaient réellement six, ma théorie serait fausse ; mais il est facile de prouver que ces deux espèces de Vers n'en ont que cinq. Je pourrais citer

à l'appui de ce que j'avance, St.-Augustin , dont l'o-
reille délicate ne pouvait souffrir les Vers de six
pieds , et qui n'eut pas trouvé l'*héroïque* et l'*Iambique sénaire,* les meilleurs de tous les vers (1), s'ils
avaient eu cette dimension qui le choquait si fort.
Je pourrais me prévaloir de cette autorité ; mais pour
ne laisser aucun doute sur ce que j'ai avancé contre
les idées reçues , je vais parler séparément de chacun
d'eux.

----

(1) Et prius tibi cupio demonstrare , non nisi duorum is-
torum esse non posse ; quæ etiam sunt celeberrima ; quorum
unum est heroicum , alterum quod jambicum dicitur.

II 4

CHAPITRE X.

De la Dimension réelle du Vers ïambique sénaire.

C'est chose certaine que les Anciens ne comptaient pas la dimension du vers par le nombre des syllabes qu'il contenait , mais par le nombre des pieds. Nous avons vu que le pied poétique était la mesure musicale , donc la dimension du vers se calculait sur le nombre des mesures musicales que contenait la phrase de chant adaptée au vers. La preuve matérielle est la plus convaincante. D'après le systême de l'ancienne Musique , la phrase de chant adaptée au vers ïambe plein , appellé *trimètre* , ne pouvait être construite , pour ce qui regarde la mesure , que de la manière suivante.

Cette phrase semble au premier coup-d'œil présenter six mesures musicales , aussi les Anciens attribuaient six pieds au vers qui l'accompagne ; ils y étaient forcés faute d'autres moyens d'indiquer la mesure du chant; mais j'ai fait voir que les phrases quelquefois manquent, et quelquefois surabondent à leur juste mesure. Celle-ci est surabondante, et les deux dernières notes, comme les deux dernières syllabes du vers, sont accessoires ou superflues. Non seulement cette espèce de vers admettait anciennement des syllabes superflues à la fin, mais souvent encore au milieu, et même au commencement, comme on peut le voir par ce vers de Térence :

Comme par celui-ci de Phèdre :

Il me semble que je puis ici me servir de l'Axiome favori d'Aristote (1), et l'adapter à la circonstance présente. *Tout ce qui peut être ôté ou ajouté sans altérer visiblement la constitution d'une phrase (ou d'un vers) n'est point membre d'icelle.* Or les deux dernières notes de la phrase musicale, comme les

---

(1) *Arist. Poet. Cap. VIII.*

deux dernières syllabes du vers, peuvent être supprimées, sans en altérer la constitution légitime ; car
cette phrase dans sa nature exacte, sans augmentation ni diminution, est de la manière suivante, et
contient cinq mesures complettes, ni plus ni moins.

Il en résulte que la dimension légitime du vers ïambique trimètre, est de cinq pieds réels et positifs, et se
trouve tout-à-fait semblable à notre vers Italien
nommé endecasyllabe, *sdrucciolo ;* puisque ni la raison ni l'oreille n'y trouvent aucune différence.

Phaselus ille quem videtis hospites
Ajunt fuisse navium celerrimus.
Nissun si fidi dell' astute insidie
De' falsi Lupi, che gli armenti furano.

L'autorité de plusieurs poëtes célèbres vient encore à l'appui de la démonstration. Métastasio entre
autres dans la note sur le vers 73 de la Poétique d'Horace, s'explique ainsi. *In fatti il nostro verso commune si che chiamiamo Endecassillabo è visibil-
mente figliuolo legitimo del jambo latino.*

Phase|lus il | le quem vide | tis ho | spites.
Se amor | non e | che dun | que è quel | ch'io sen | to.

E siccome questo verso da Latini, per diversifi-carsi, e divenir meno saltellante, ammise poi, come Orazio asserisce (1) altri piedi, geloso sempre per altro di conservare in certi siti il suo jambo; così, per le ragioni medesime, trascurò il nostro verso ancora l'uniforme, costante alternativa d'una breve, ed una lunga, usata nel jambo puro : ma rimase anch' esso geloso che fosse sempre il jambo sensibile in certi determinati luoghi del verso, il quale, senza questa cura, non sarebbe tale, o non lo parrebbe.

---

(1)   *non ita pridem*
Tardior, ut paullo graviorque veniret ad aures,
Spondeos stabiles in jura paterna recepit.
Commodus, et patiens ; non ut de sede secunda
Cederet , aut quarta socialiter.

CHAPITRE XI.

De la Dimension réelle du Vers Hexamètre.

Pour s'assurer de combien de pieds ce vers doit être composé, il faut premièrement voir à quelle espèce de rythme il appartient. Le vers hexamètre appartient, cela n'est pas douteux, au rythme anapestique. Maurus Terentianus nous l'a affirmé, et il joint l'exemple au précepte : son autorité doit être de quelque poids (1). Si les Anciens l'ont considéré comme ayant six pieds Dactyliques, c'est pour en faciliter l'exécution musicale; parce que d'après leur système, sa phrase présente à l'œil six mesures de

---

(1) *Hexametrum quoties ita totum dactylus explet*
Ut nusquam in medio, sed sit spondeus in imo,
Sive trocheus erit, cum dempta est syllaba prima,
Quæ demi poterit, reliqui fient anapesti.
Ultimaque ex illis catalectica, quæ remanebit,
Dactylico tali facile est hoc noscere versu,
At tuba terribilem sonitum procul ære recurvo.
At conjunctio, quæ solida est, cum demitur inde
Ea formula fiet ut est anapesticus iste :
Tuba terribilem sonitum procul aere recurvo.
Ultima vo remanet, quia dempta est syllaba prima
Dactylon in prime reddens, spondeen in imo.

la chant, comme on peut le voir par l'exemple suivant.
C'est un fragment de Musique Grecque sur l'hymne
d'Homère à Cérès.

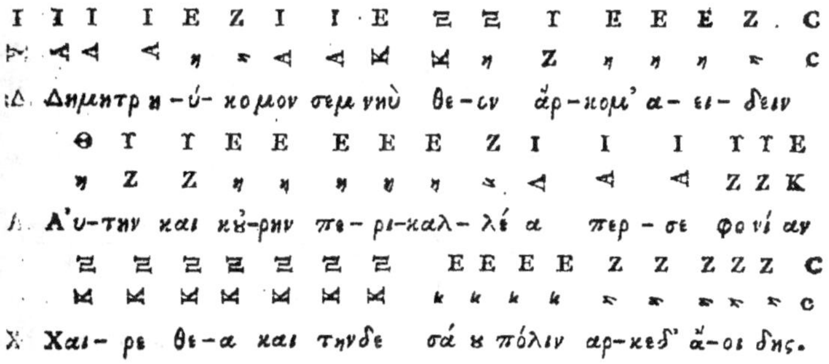

Ι Ι Ι   Ι Ε Ζ Ι   Ι · Ε   ⊐ ⊐   Τ   Ε Ε Ε Ζ . C

Δ. Δημητρ η -ύ- κομον σεμ νηὺ θε-ιν ἄρ-κομ' α- ει- δειν

Θ Τ Τ Ε Ε   Ε Ε Ε Ζ   Ι   Ι   Ι Τ Τ Ε

Λ. Α'υ-την και κυ-ρην πε- ρι-καλ- λέ α   περ - σε φο νί αν

Χ Χαι- ρε θε-α και τηνδε   σά υ πόλιν αρ-κεδ' ά-οι δης.

Pour faciliter la lecture du texte, je transcris le
même chant en notes modernes, et les paroles en
caractères italiques. Ce chant, qui, dans l'original,
est du ton ou mode Hypo-Lydien, est transposé
ici à l'Hyppo-Phrigien, selon Bacchius et Boetius,
pour la facilité de la voix.

Je ne donne point ici la traduction des caractères musicaux de la seconde ligne du texte, parceque je la crois inutile. Cette manière de doubler les
signes, était anciennement en usage, et avait pour
objet d'indiquer le son des instrumens dont on se ser-
vait alors, mais dont il ne nous reste plus qu'une
faible idée. Au surplus, quand nous connaîtrions
parfaitement ces instrumens, et la manière de s'en
servir, l'explication des signes qui les regardent, serait superflue, puisqu'il n'est question ici que des

syllabes que la voix proférait en chantant, et non des
instrumens qui l'accompagnaient.

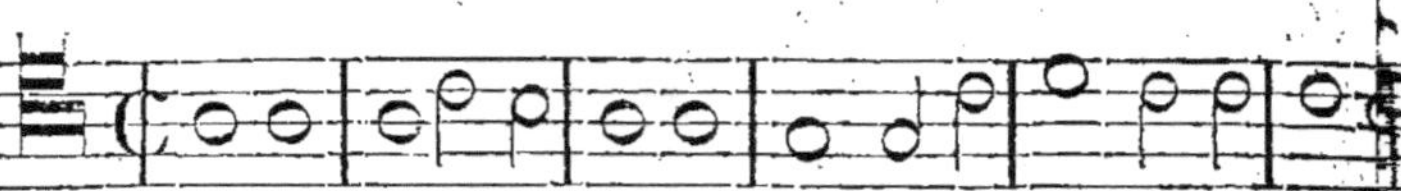

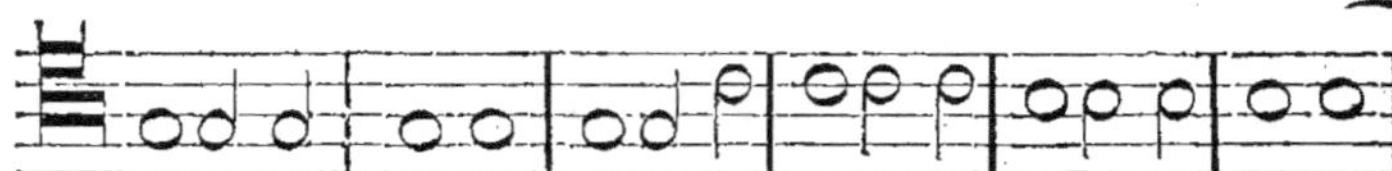

Toute personne qui sait lire la Musique, et qui
a reçu de la nature le don gratuit de sentir la marche
de l'harmonie, s'appercevra aisément que le sens de
la phrase du chant cité, ne se complette pas entre
une barre et une autre barre, mais qu'il commence
à la moitié de chaque mesure, et s'enchaîne avec la
moitié de celle qui vient après, où il s'appuie et
semble se reposer ; ce que les Anciens ont nommé
césure, parce que ce repos coupe la mesure à moitié(1).

____

(1) Nam quæ in similes partes fit , divisio potius quam ce-
sura vocatur.   *Aristides Quint. pag.* 12.

De sorte qu'on peut supprimer la première note de la phrase, sans en altérer le sens, ainsi que dans le vers on peut supprimer la première syllabe, comme Terentianus l'a fait voir; ce qui ne serait pas possible, si le rythme Dactylique commençait par le tems fort, c'est-à-dire, par la première note de la mesure, comme première en l'ordre. En supprimant la première note de la phrase, ainsi que la première syllabe du vers, on intervertirait l'ordre, parconséquent l'harmonie qui lui est propre, puisque le rythme serait détruit ou changé. Le rythme Anapestique fait tout le contraire : son premier tems est un tems faible, et il finit par le tems fort, ou sur la première note après une barre, comme dernière en l'ordre. Cette première note ou syllabe ne peut donc pas lui appartenir en propre, parce qu'elle ne peut ni commencer, ni finir le rythme Anapestique : elle ne peut pas le commencer puisqu'elle est longue, et qu'il doit commencer par une brève; elle ne peut pas le finir puisqu'il n'est pas encore commencé. Or, comme la première note ou syllabe peut être supprimée sans aucune altération sensible dans l'harmonie, il est évident que le rythme n'est point Dactylique, mais Anapestique. J'ajouterai que, si le rythme était réellement Dactylique, le vers serait à contre-mesure, parce que le premier hémistiche finirait au frappé, le second au levé, ce qui ne peut avoir lieu dans un vers aussi noble, et aussi harmonieux.

Cela étant, sa véritable dimension sera de cinq pieds et non de six, et cela en ne tenant pas compte, comme on ne doit pas le tenir, des deux syllabes superflues que les Anciens nommaient *catalectiques*, lesquelles surabondent l'une au commencement l'autre à la fin du vers. En général tous les vers Anapestiques de l'ancienne poésie latine, augmentent d'une syllabe longue au commencement, afin que la première mesure musicale soit complette ; laquelle, sans cette syllabe surabondante, n'aurait pû commencer qu'à la moitié : de là vient l'abus de les appeller Dactyliques, quoi qu'ils soient Anapestiques. Pour ce qui est de la syllabe finale, le vers, correspondant à une phrase de Musique, suit la même regle. C'est pourquoi il est convenu que, dans toutes sortes de vers, les syllabes qui se font entendre après le dernier accent, ne sont pas regardées comme faisant partie intégrante de la dimension requise, et peuvent être indistinctement supprimées sans altérer la constitution particulière du vers. Cela a lieu et s'observe par la raison, déja rapportée, que l'harmonie musicale ne s'achève parfaitement que sur le tems fort de la mesure.

Cette base une fois établie, il est facile de résoudre plusieurs difficultés qui paraissent énigmatiques.

ques. Par exemple, je ne crois pas les Grammairiens
ayent jamais expliqué d'une manière satisfaisante,
pourquoi un Hexamètre composé de six mots
dont chacun est par lui même un Dactyle, ou un
Spondée, ne paraît jamais être un vers Hexamètre,
et ne retient rien de l'harmonie qui lui est propre ;
comme on peut s'en assurer par ces deux exemples,

Urbem fortem cœpit nuper fortior hostis.
Africa bellica tellus nostrùm sustulit arma.

D'après cet exposé, il est clair que l'Hexamètre appartient au rythme Anapestique, et non au Dactylique. Or, six mots, chacun desquels est un Dactyle
complet ou un Spondée, nous font tous sentir l'accent au commencement ; ils nous représentent donc
une portion du rythme Dactylique, par conséquent ils
ne peuvent pas former un Hexamètre parfait, l'Hexamètre appartenant au rythme Anapestique, ni nous
faire sentir l'harmonie propre du rythme Dactylique ;
et la raison en est que leur dimension, étant alors
réellement de six pieds, outrepasse les limites que la
nature leur a fixées. Il faut donc en conclure que ces
vers ne peuvent pas être harmonieux, parce que,
si on les considère comme faisant partie du rythme
Anapestique, ils sont à *contre-mesure*, et si on les
considère comme faisant partie du rythme Dactylique, ils sont hors de la mesure.

I

Les Grammairiens affirment qu'il ne suffit pas au vers Hexamètre, pour être héroïque, d'avoir la mesure de six pieds : il faut encore, disent-ils, qu'il soit soumis à d'autres loix, c'est-à-dire : qu'après le second pied il ait une *césure* qui porte sur la dernière syllabe du mot, et qui donne un sens quelconque, et alors il s'appelle *penthemimeris*. *Arma virumque cano.* Ou qu'il ait une semblable *césure* après le troisième pied, et alors il s'appelle *heptemimeris*. *Et quorum pars magna fui.* Ou, que manquant desdites *césures*, il ait au moins à leur place un Trochée, comme, *Aut aliquis latet error.* Les Grammairiens ne nous donnent aucune raison de ces regles, mais ils nous assurent qu'elles sont religieusement observées dans tous les Hexamètres de Virgile, à l'exception d'un seul,

Magnanimi Iovis ingratum ascendere cubile.

que (comme s'exprime Metastasio) ces sévères Grammairiens pardonnent à l'auteur, en grace d'être l'unique vers fautif, parmi les milliers qu'il en a écrit.

Mais ces divisions du vers Hexamètre se fondent sur ce que j'ai déja fait observer, c'est-à-dire, que la phrase composée de cinq mesures, ou, ce qui est la même chose, le vers de cinq pieds, se divisant en deux portions, la plus considérable forme un vers de trois pieds, et la moindre ne forme qu'un seul

mètre. De là vient que l'Hexamètre acquiert la qualité *harmonique*, dont il sera parlé, parce qu'alors
il a des mots qui séparent et font distinguer les
pieds propres à son rythme, étant chose indubitable
que plus le vers, de quelqu'espèce qu'il soit, contient des mots dont chacun à part forme un pied qui
lui est propre, plus il est harmonieux et agréable
à l'oreille.

J'observerai en dernier lieu que le vers Héroïque
exige l'Anapeste au cinquième pied, pour que le
rythme qui lui est propre se fasse sentir avant que le
vers finisse : et afin que ce rythme ne soit point
douteux à l'oreille, il faut que l'accent naturel des
mots s'accorde ici avec celui que demande l'Anapeste ; tandis que dans le courant du vers il admet à
sa place le Spondée et la syllabe longue au lieu de
la syllabe accentuée. C'est ainsi qu'on peut rendre
raison des regles grammaticales qui défendent de
finir l'Hexamètre par un monosyllabe, par deux
ou par trois bisyllabes, parce que chacune de ces
manières de finir le vers, dérange l'accent de la position qu'exige la nature du pied Anapestique. On
peut rapporter à la même cause celle de ces regles
qui défend de finir l'Hexamètre par un mot de quatre, de cinq syllabes, et au-de là ; car alors il n'y
aurait qu'un accent pour deux pieds, ce qui rend le
vers moins harmonieux, parce que naturellement

chaque pied demande un accent. Les raisons que je donne de ces regles peuvent nous faire sentir jusqu'à quel point elles doivent être observées. Si on suit rigoureusement la dernière, il faut condamner, comme imparfaits, presque la moitié des vers de l'Iliade, et je n'imagine pas que personne ait cette intention.

Il est donc prouvé, d'après les regles prescrites par les Grammairiens eux-mêmes, que l'Hexamètre n'appartient pas, comme on l'a cru généralement, au rythme Dactylique, mais bien à l'Anapestique, et parconséquent que sa vraie dimension n'est point de six pieds, mais de cinq.

CHAPITRE XII.

De l'ancien Systéme de la Mesure comparé au Systéme moderne, et de leurs conséquences.

Les Anciens Auteurs distinguent trois proportions ou rapport des tems, qu'ils nomment *raison sesqui-altère*, de *pair-à-pair*, et *double* (1). La raison *sesqui-altère*, qui est la proportion de trois à deux, ou du double et demi, n'entre point dans les proportions régulières de la mesure musicale, ni parconséquent dans celle des vers : c'est principalement par cette raison qu'Aristote conseille de s'en servir dans la prose. La raison de *pair à pair*, dont le rapport est d'un à un simplement, forme la mesure musicale du nombre pair, qui contient deux proportions égales, soit réellement, soit par équivalence. La raison *double*, dont le rapport est de deux à un, se trouve dans la mesure musicale du nombre impair, et s'y rend sensible, particulièrement lorsque cette mesure se compose de deux

---

(1) *Arist. Rhetoric. Cap. VIII. Cic. de Orat. Quint· Inst. lib. IX. cap. IV.*

I 3

valeurs inégales , comme d'une blanche et d'une noire. Ainsi, comme on voit, la base , de laquelle dérivent les proportions de chaque mesure , est la même dans les deux systêmes , et ne pourrait varier sans que la mesure fût détruite , parce qu'elle est fondée sur les lois données par la nature que personne ne peut changer. La seule différence consiste donc dans l'application de la mesure des paroles , et de celle de la Musique , ou dans la transposition des rythmes , dont j'ai parlé. Si le mouvement des paroles étaient en raison *pair* de deux en deux, ou , pour mieux m'expliquer , si le pied naturel du vers se composait de deux syllabes, la mesure de la Musique devait être en raison *double* , c'est-à-dire à trois tems : et si les paroles marchaient en raison *impair* , c'est-à-dire , si le pied naturel du vers se composait de trois syllabes, la mesure de la Musique devait être en raison de *pair à pair*, que nous avons dit être la mesure ordinaire du nombre pair , considérée ici comme mesure à quatre tems. Je crois satisfaire la curiosité des Lecteurs en citant quelques exemples à l'appui de ce que je viens de dire.

Le P. Kircher a traduit en notes modernes un ancien chant sur une Ode de Pindare ; mais il a fait une erreur en confondant les deux raisons de *pair à pair* , et *double;* c'est-à-dire, en mêlant indistinctement la mesure à deux , et à trois tems. Outre

(135)

toutes les raisons qui condamnent ce mélange des deux mesures , la regle est absolue que *le vers est toujours semblable à lui-même , et marche toujours dans la même raison :* c'est-à-dire dans une seule et même mesure (1). Au reste , comme nous savons par Horace que Pindare n'a pas de mesure régulière , ses vers ne peuvent pas servir d'exemple.

Le P. Martini a également traduit en notes modernes un fragment incomplet de Musique Grecque sur un hymne à Némésis , mais sans mesure. M. Burette l'a traduit avec une mesure , mais fausse. Premièrement il n'a pas connu le Ton , ou le Mode , puisqu'il a mis quatre diéses à la clef. Ensuite il a manqué la mesure de deux manières : la première en donnant la valeur d'un seul tems aux longues , et d'un demi tems aux brèves , et il est notoire que les longues valaient deux tems , et que les brèves valaient un tems : la seconde en écrivant la mesure à trois tems , tandis qu'elle est en raison de *pair à pair* , c'est-à-dire , à deux ou à quatre tems , puis-

---

(1) Versus semper similis sibi est , et una ratione decurrit.
F. Quint. Instit. lib. IX , chap. XIII.

Neque verò hæc tam acrem curam , diligentiamque desiderant , quam est illa Poetarum quos necessitas cogit , et ipsi numeri ac modi , sic verba versu includere , ut nihil sit ne spiritu quidem minimo brevius aut longius , quam necesse est.

Cic. III. de Orat.

I 4

que les vers sont anapestiques de trois pieds. Je fais observer ces fautes, non par esprit de critique, mais pour prouver de mieux en mieux les vérités que j'expose, ainsi que pour écarter les objections qu'on croiroit fondées sur la réputation, d'ailleurs très méritée, de ces hommes savans.

Il est probable qu'il y a quelqu'altération dans les notes des deux textes que je vais citer (1); vu le laps de tems qui s'est écoulé depuis leur invention, et vu le nombre des copies qui en ont été faites, et dont aucune, je crois, n'est exempte de reproches. Mais une note à la place d'une autre ne tire point à conséquence, puisqu'il n'est ici question que de la mesure, pour laquelle je me conforme à la regle.

---

(1) Vidi magnopere conatui meo obsistere notas illas, quas ubique corruptas, non ullibi inter se consertientes deprehendam.

M. Meib. Intr. ad ant. mus.

Hymne à Némésis.

Ton Lydien.

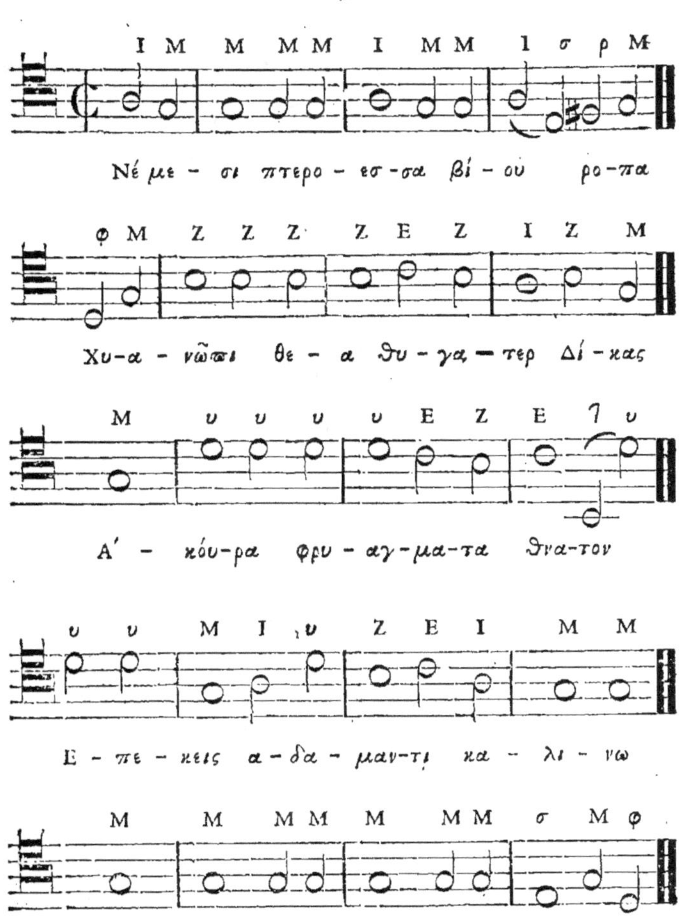

Hymne de Dionyse au Soleil.

σσσ   σ ῖ σ   ρ   σ   φσ
χιονοβλεφαρε πάτερ ἀῦς

φ M M M M σ φM T M
ροδεεσαν ος αντυγα πωλων

M ï   M ρM   ZT Z
Πτανοῖς υπ ἴκνεσι δεωκεις

M Z M Z ïM   ï MM Z ï
χρυσεαισιν αγαλλωμενος κομαις

M ï Z ï M ῒρφσ   ρ ρ σ
Περι νωτον απειρετον ερανε

ï ρM MM MM M ï M
ἀκτινα πολυσροφον αμπλεκον

ῖ M ρ M ï ZM ρ σ
αἴγλας πολυδερκεα παγαν

σ ρ M M Mσ β φ M M
περὶ γαῖαν απασαν ελισεων.

(139)

Ro-de — e-san os an-ti-ga po—lon

Pta-nois yp ik --- ne-si de - o-keis

Kryse - ai-sin a — gal - lo-me - nos ko-mais

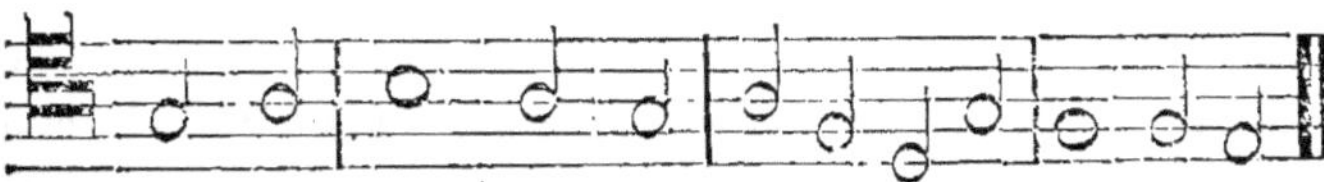
Pe-ri no - ton a - pe-i-re-ton u-ranu

Ak - ti - na po - ly - srophon amplekon

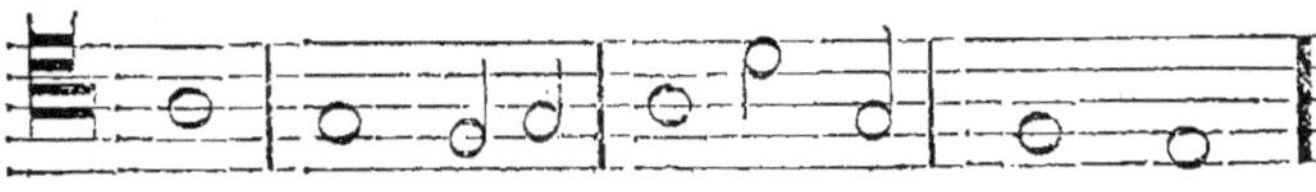
Ai — glas poly - der-ke - a pa - gan

Ces exemples appartiennent tous au rythme Anapestique , et sont les seuls que je connaisse ; mais ils
suffisent pour nous prouver que les Anciens calcu-
laient la dimension du vers sur la phrase de la Musique ; que dans leur Musique, ils n'ont fait usage
que de deux seules notes de diverse valeur , expri-
mées par les syllabes longues et brèves ; que la quantité des longues et des brèves , n'était sensible , et ne
produisait son effet qu'en Musique, où les longues,
selon leur position, quittaient l'accent de la prononciation pour prendre l'accent musical ; que la posi-

---

(1) Il est hors de doute que les Anciens avaient une Musique purement instrumentale dont il ne reste aucun exemple. Il
semble donc naturel de demander par quel moyen ils pouvaient
reconnaître la mesure lorsque la Musique n'était point accompagnée des syllabes qui l'indiquaient ? Pour en donner une idée, en
voici un exemple très facile , que je ne mettrais pas en notes
modernes pour laisser la satisfaction à ceux qui voudraient le tra-
duire eux mêmes.

MIMZYZEIMIZMσιφφ

MIρσφρσβσιMZIφMM

σσιZEυΘυEZιMρφσσ

ΘυEιυEZMσιMZιφMM

…ion de cet accent était indiquée par la regle générale de la double prolongation du tems accentué de
la mesure, sauf les exceptions à la regle qui est remplacée aujourd'hui par les barres. En conséquence,
les pieds qui se composent de deux syllabes s'exécutaient en Musique dans la mesure de *raison double*,
c'est-à-dire, à trois tems ; et ceux qui se composent
de trois syllabes s'exécutaient dans la mesure de *pair
à pair*, c'est-à-dire à deux ou à quatre tems.

Il résulte de tout cela que dans l'ancienne Poésie
les vers de même espèce avaient tous la même dimension, quoique le nombre de syllabes qu'ils con-
enaient ne fût pas toujours égal ; comme le fait voir
l'Hymne de Dionyse, dont les vers contiennent depuis neuf jusqu'à douze syllabes, quoique la
phrase du chant ait absolument la même étendue
pour tous ; d'où l'on doit inférer, contre l'opinion
des Théoriciens modernes, que l'ancienne Musique
donnait la mesure au vers, et qu'elle ne la recevait
pas de lui, si ce n'est que les paroles du vers étaient
construites sur la supposition de telle ou telle
phrase, ce qui doit toujours avoir lieu pour que
le vers ne soit pas faux.

L'harmonie que l'on dit résulter de la quantité
des syllabes, était produite dans les vers par l'accent musical, puisque d'ordinaire les longues étaient
accentuées dans le chant, et que les brèves ne l'étaient

jamais ; à moins que l'une n'eût pris la place de
l'autre ou qu'elles ne se trouvassent dans un pied
de supplément, comme nous le ferons voir. Par
exemple le premier et le troisième pied du vers ,

Ŭt prisca gens mortalium ,

sont deux pieds de supplément parce qu'ils sont deux
spondées à la place de deux ïambes : aussi la première et la cinquième syllabe du vers deviennent
brèves par leur position , et s'exécutaient brèves
quoique longues par la regle générale ; autrement le
même vers n'eût pas été semblable à lui même, n'eût
pas marché dans la même raison , et le chant d'une
Strophe n'eût pas pu s'accommoder à l'autre.

Il s'en suit que dans les rythmes de trois syllabes ,
comme le Dactylique et l'Anapestique , les Anciens
pouvaient ordinairement mettre une longue à la
place de deux brèves : la mesure alors formée de
deux percussions , ou mouvemens d'égale valeur ,
ne diffère en rien de la mesure binaire simple et
naturelle. Ainsi dans les rythmes Trochaïque et ïambique , ils pouvaient mettre deux brèves à la place
de la longue : la mesure à trois tems prend alors sa
marche ordinaire de trois mouvemens égaux, dis-
tingués entre eux par la seule force de l'accent. D'a-
près ce systême le vers ïambique reçoit le Dactyle , le
Tribraque , l'Anapeste ; mais nullement le Trochée ,

ar il changerait de mètre. Il reçoit le Spondée aux ndroits impairs, jamais aux pairs. Le Trochaïque u contraire reçoit le Tribraque, le Dactyle, l'Ana- oeste ; le Spondée seulement aux endroits pairs par es raisons susdites (1).

Deux brèves à la place d'une longue avaient lieu ussi dans les rythmes Dactylique et Anapestique, mais rarement, jamais dans deux pieds de suite (2).

---

(1) Jambicum recipit dactylum, tribrachyn, anapestum, it neutiquam trochæum, in aliud enim converteretur metrum- spondæum recipit locis imparibus, parribus verò nullatenus.

Quod huic oppositum est Trochaicum, recipit tribrachyn, dactylum, anapestum, spondeum verò solis paribus tum ob causas nobis in Iambico prædictas tum quod multis longis dein- ceps positis vocis continuatio syllabarum magnitudinibus discer- patur.   *Aristid. Quind. pag. 62.*

(1) Je dis que les Anciens n'admettaient jamais dans le vers deux pieds de suite, deux brèves à la place d'une longue, ce qu'Aristides Quintilien nous a déjà dit en parlant du mètre. La raison en est évidente ; parce que deux pieds de suite forment le mètre, et celui-ci étant completté entièrement par des syllabes brèves, il eût été impossible de reconnaître la qualité de la me- sure. Nous pouvons en avoir la preuve dans notre musique ac- tuelle ; car nous ne pourrions pas savoir au juste à quelle espèce de mesure doit appartenir un chant qui serait composé de notes égales, sans les signes qui marquent la mesure, et sans les

Alors la mesure est subdivisée , comme lorsque nous
mettons quatre croches dans une mesure à deux tems.
St.-Jérôme nous apprend que le livre de Job, à
l'exception de la partie historique, est écrit en vers
Hexamètres qui , outre les Dactyles et les Spondées,
contiennent encore d'autres espèces de pieds , non
pas d'un égal nombre de syllabes, mais d'une égale
quantité ; tels , par exemple, que l'*Amphibrache* et le
Proceleumatique ou le *double Pyrrhique*. Cependant
ces mélanges de pieds n'ont pas été admis par la suite
ni dans toutes les espèces de vers, ni dans toutes les
parties du vers. Les vers héroïques que nous lisons,
n'admettent de pieds impropres que le Spondée ,
dont la première syllabe a la valeur de deux tems en
levant , et la seconde celle de deux tems en frap-

---

barres qui la limitent , et qui font distinguer le tems fort d'avec
le tems faible.

Celui qui dirait que cette phrase de chant appartient à la mesure
à deux tems aurait tort, ainsi que celui qui voudrait qu'elle
appartînt à la mesure à trois tems; car je pourrais prouver, à l'un
et à l'autre , le contraire de ce qu'il aurait avancé. D'après cet
exemple , on peut se former une idée claire et précise des prérogatives tant vantées des syllabes longues et brèves des langues
anciennes.

paul.

pant (1). D'où il résulte que le Spondée était accentué sur la dernière syllabe, puisqu'elle se faisait sur
le tems fort de la mesure, et il devient ainsi un
pied de la classe de l'Anapeste, celui-ci ayant l'accent sur sa dernière syllabe. Ce qui confirme de nouveau que le vers Hexamètre appartient au rythme
Anapestique, et non pas au Dactylique; car alors les
deux pieds seraient à *contre-mesure*, l'un par rapport à l'autre, le Dactyle finissant au levé, et le Spondée au frappé de la mesure (2). Aussi Ephore n'entendait pas que le Spondée fut égale au Dactyle, et il
était d'avis que les pieds du vers devaient se mesurer
par le nombre des syllabes, et non par leurs intervalles, c'est-à-dire, par leur différente quantité (3):
Horace désapprouve ces mélanges de pieds hétérogènes, même dans les vers ïambiques, et se vante

---

(1) À principio itaque voluminis usque ad verba Iob, apud
Hebræos prosa oratio est. Porrò à verbis Iob, in quibus ait, Pe-
reat dies, in qua natus sum.... Usque ad eum locum in quo
scriptum est, Idcirco me reprehendo, et ago pœnitentiam in fa-
villa et cinere, hexametri versus sunt, dactylo spondeoque cur-
rentes : et propter linguæ idioma, crebro recipientes et alios pedes,
non earumdem syllabarum, sed eorumdem temporum.

Hyeronim in lib. Iob. præfat

(2) Sexbus est spondeus ex longa elatione, et positione
longa, ut, libant. Bacch. Senior.

(3) Ephorus verò ne spondeum quidem, quem fugit, in-

K

d'avoir montré le premier aux Latins la vraie manière de les construire (1). Ce qui nous prouve que ces échanges ou licences, autorisées par le système de la transposition des rythmes, ne produisaient pas un très bon effet, même pour les oreilles des Anciens, puisqu'à mesure que la Poésie s'isolait de la Musique, ils en ont abandonné la plus grande partie. Ceci nous indique la cause pour laquelle les vers de l'ancienne Poésie ne sont pas tous également harmonieux à la lecture, qui est que leur cadence n'est exacte, et ne produit son effet qu'avec la Musique, pour laquelle et sur laquelle ils ont été construits.

Dans la Musique moderne, toutes les modifications dont la mesure est susceptible, pouvant être indiquées à l'aide des diverses figures des notes, sans le secours des syllabes, tout est rentré dans l'ordre naturel, et l'accent respectif décide la mesure de la Musique, comme celle de la Poésie. En conséquence,

---

telligit esse æqualem Dactylo, quem probat. Syllabis enim metiendos pedes, non intervallis existimat.

Cic. III. de Orat.

(1) *Libera per vacuum posui vestigia princeps,*
Non aliena meo pressi pede. Qui sibi fidit
Dux, regit examen. Parios ego primus Iambos
Ostendi Latio, numeros animosque secutus
Archilochi. *Horat. lib. 1. Epist. XIX.*

il ne nous est plus permis de mettre deux brèves à la place d'une longue, ni une longue à la place de deux brèves ; parce qu'une syllabe, ajoutée ou retranchée au vers, dérange la position de tous les accens qui lui succèdent, et détruit par là ses proportions légitimes. Cependant, si le vers se construit d'après les bases de l'ancien système, cette liberté et, d'autres du même genre, ont lieu encore dans nos langues modernes ; mais seulement dans cette circonstance, et jamais autrement.

Quel que soit le système qui sert de base à la versification, quelle que soit la langue dans laquelle on écrit, c'est chose certaine que le vers doit toujours avoir les proportions qui lui sont propres, et qu'elles doivent être soumises aux regles, tant générales que particulières, de chaque langue ; autrement le vers ne serait pas légitime, ou ne serait pas reçu comme tel. Il faut mettre au nombre de ces régles, l'*élision* qui a lieu dans quelques langues, et n'a pas lieu dans d'autres. Les langues Grecque, Allemande, Anglaise, n'élident pas la voyelle finale qui se rencontre immédiatement avec la voyelle initiale d'un autre mot, et les langues Latine, Italienne, Espagnole l'élident ; sauf, dans les unes et dans les autres, quelques exceptions à la regle. Cette opposition évidente entre la langue Grecque et la langue Latine, embarasse un peu les Grammairiens modernes, qui

par suite de leurs opinions, ont consigné hardiment
dans les livres élémentaires, que les Latins ne pro-
nonçaient point les syllabes finales qui s'élident dans
les vers; proposition démentie par les écrits de leurs
auteurs (1), par le bon sens et par la raison : car,
outre que l'analogie de la langue serait détruite, il
s'en suivrait encore que le sens des paroles serait souvent altéré, et toujours incertain. La langue Latine
n'ayant pas d'articles, décide le sens par les ter-
minaisons des mots qui varient selon les circonstances ; en supposant donc qu'on ne les prononçât
pas, comment pourrait-on comprendre le sens des
paroles ? Mais je n'entre point dans les regles particulières des langues; celui qui les ignore doit re-
courir aux Grammairiens pour les apprendre.

---

(1) Ego sic scribendum quiquid judico, quomodo sonat:
Hic enim est usus litterarum, ut custodiant voces, et velut de-
positum reddant legentibus : itaque exprimere debent quod dicturi
sumus. *Quint. Inst. lib.* 1 *Cap. VII.*

Curabit etiam ne extremæ litteræ intercidant, ut par sibi sermo
sit. *Id. loco Cit.*

Gratiores enim hæ faciunt sonitus ; utrasque vocales clara voce
efferentes. *Aristid. Quint.*

CHAPITRE XIII.

Théorie universelle de la Versification.

Un vers vrai et légitime, de quelque nature ou espèce qu'il puisse être, doit réunir trois propriétés à la fois. Il faut qu'il soit *métrique*, c'est-à-dire, qu'il ait un nombre déterminé de mesures; qu'il soit *Rythmique*, c'est-à-dire, que les mesures aient le même nombre de tems ou de syllabes, et suivent l'ordre du mouvement qui leur est propre; enfin, qu'il soit *harmonique*, c'est-à-dire, que les paroles dont il se compose soient distribuées avec les divisions ou césures qu'exige la qualité du rythme, afin qu'il se rende sensible à l'oreille.

Il est démontré qu'il y a deux sortes de mesure, l'une à deux, l'autre à trois tems; que la mesure étant adaptée au vers, s'appelle *Pied*; que la première mesure, ou le premier *Pied* ne se décide d'une manière sensible que par comparaison avec le second; que leur forme ou réunion s'appelle *Mètre*; que l'Accent pouvant se faire à volonté sur l'un ou sur l'autre des cinq tems contenus

dans les deux mesures, il en résulte cinq ordres divers de mouvemens , appellés *Rythmes* ; qu'une
phrase musicale ou , (ce qui est la même chose), un
vers, est une portion d'un Rythme, laquelle ne peut
se composer ni de moins de trois , ni de plus de cinq
Pieds. Ces principes généraux une fois établis, on
apperçoit aussitôt combien il peut y avoir d'espèces
de vers , parce que les différentes espèces de Rythme ,
étant au nombre de cinq , et chacune d'elles pouvant
comporter trois vers de diverse étendue , c'est-à-dire
de trois , de quatre et de cinq *Pieds*, en multipliant
un nombre par l'autre , c'est-à-dire cinq par trois ,
nous aurons la somme totale de quinze , et dans le
vrai il n'y a ni plus ni moins d'espèces de vers. Nous
avons donc trois vers Trochaïques, trois Iambiques ,
trois Dactyliques , trois Amphybrachiques et trois
Anapestiques.

Les vers de chaque genre de Rythme qui se composent d'un nombre impair, c'est-à-dire, de trois et
de cinq pieds , ne pourront jamais se diviser en deux
parties égales; mais ceux qui se composent d'un
nombre pair , c'est-à-dire, de quatre pieds , peuvent se diviser en deux parties. D'où il suit que ceux
là ne pourront admettre aucune syllabe surabondante , si ce n'est aux extrémités , et que ceux-ci pourront surabonder de ces syllabes encore dans le milieu,
parce que se divisant en deux parties égales et sem-

blables , si la seconde surabonde , il n'y a aucune raison pour que la première ne puisse surabonder aussi. Ces syllabes surabondantes , comme il a déja été dit , ne doivent point se compter dans la vraie dimension du vers , parce qu'étant superflues et accessoires elles peuvent être admises ou supprimées sans que la constitution du vers en soit altérée.

Mais afin que le Lecteur puisse juger par lui-même de toutes ces choses , je passerai successivement en revue , les quinze espèces de vers que j'ai assignées , et je mettrai sous ses yeux un exemple de chacune d'elle. Je ferai remarquer en même tems le plus ou le moins de perfection , les propriétés différentes de chaque espèce de vers , et les raisons intrinsèques d'où elles tirent leur origine. J'unirai à chaque exemple poétique , une ou plusieurs phrases de chant , qui serviront à démontrer la correspondance parfaite , jusqu'à présent ou ignorée en partie , ou non assez clairement déterminée , de la Poésie et de la Musique ; ainsi que la comparaison de la Poésie ancienne avec la Poésie moderne , et elles seront comme le modèle qui indique la nature du Rythme , l'étendue et la forme particulière de chaque espèce de vers. Les syllabes *catalectiques* ou superflues n'auront point de notes écrites dans la phrase du chant; elles seront indiquées par le signe musical ⌒ qui , comme on sait , marque l'arbitraire. Ce signe

⌢, placé sur la première note d'une phrase de chant,
dénotera qu'elle est surabondante à la phrase, et que
la première syllabe qui lui correspond, est surabondante à la dimension du vers : parconséquent la
mesure respective ne doit se compter qu'après, c'est-
à-dire, sur la seconde note et sur la seconde syllabe
où la mesure décide sa marche. Dans quelques vers
de quatre pieds ce signe ⌢ peut se rencontrer deux
fois, c'est-à-dire, au commencement de chaque
hémistiche ; en pareille cas la syllabe devra toujour[s]
être longue, ou elle sera sensée l'être. Le même
signe se trouvant à la fin d'une phrase, dénotera
qu'on peut y ajouter quelques notes, comme quelques syllabes au vers, lesquelles devront toujours
être brèves, ou seront sensées l'être. Il pourra égale-
lement être employé deux fois dans quelques vers
de quatre pieds, c'est-à-dire, à la fin de chaque
hémistiche. Ces deux emplois du signe musical ⌢
sont connus et usités dans l'exécution de la Musique.

CHAPITRE XIV.

Des Vers Trochaïques.

Le premier vers qui se présente, d'après l'ordre que j'ai adopté, est l'ancien Trochaïque de trois pieds, nommé *Itiphalique.*

Bacche | junge | Tigres. |

Chiabrera dont l'Ode 94 , *part.* 2, nous en fournit l'exemple en Langue Italienne.

Dolci | miei so | spiri |
Dolci | miei mar | tiri |
E voi | dolci | canti |
E voi | dolci | pianti |
Rima | nete ad | dio. |

La phrase musicale d'où ces vers dérivent, est de la manière qui suit.

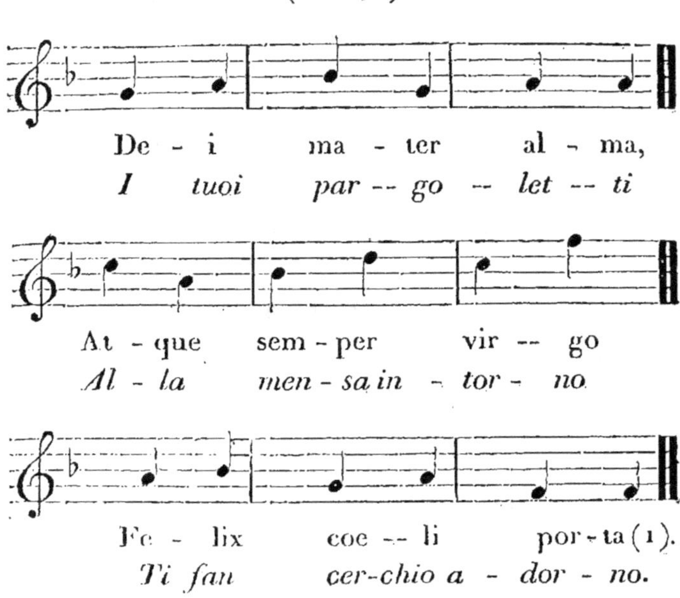

De la même espèce est l'*Alcmane* qui surabonde d'une syllabe à la fin.

Tu se | canda | marmo | ra.

Summo | vere | litto... | ra.

Les suivans peuvent nous servir d'exemples pour la Langue Italienne.

---

(1) Je fais observer que cet Hymne est construit sur la regle des accens qui sont nécessaires à la nature du vers , et non sur les loix de l'Art métrique observées des Anciens.

$$\overline{\text{Quan}}\breve{\text{to}} \mid \overline{\text{può}} \ \overline{\text{sull'}} \mid \overline{\text{ani}} \mid \overline{\text{ma}}$$
$$\overline{\text{D'Inno}} \mid \overline{\text{cen}}\breve{\text{te}} \mid \overline{\text{vergi}} \mid \breve{\text{ne}}$$
$$\overline{\text{S'ar}}\breve{\text{de}} \mid \overline{\text{fiamma}} \ \breve{\text{in}} \mid \overline{\text{cogui}} \mid \breve{\text{ta}}$$
$$\overline{\text{L'Inc}} \mid \overline{\text{sper}}\breve{\text{to}} \mid \text{cor !} \mid$$

Avant de passer outre, faisons les observations qui se présentent. Appuyé de l'autorité de Quintilien, j'ai dit qu'une syllabe change de condition selon la position qu'elle occupe dans la mesure : j'ai dit également que dans les Langues modernes l'accent se perd quelquefois, ou s'atténue de manière que la syllabe, sur laquelle il porte, devient brève. Les exemples cités nous le confirment.

$$\overline{\text{E}} \ \breve{\text{voi}} \ \overline{\text{dolci}} \ \overline{\text{can}}\breve{\text{ti.}}$$
$$\overline{\text{Ti}} \ \breve{\text{fan}} \ \overline{\text{cerchio}} \ \breve{\text{adorno.}}$$

La nature du rythme semble exiger le transport de l'accent de la seconde à la première syllabe de ces deux vers, parce que le mouvement, qui regle et conduit ici la mesure, veut qu'il soit sur la première de l'ordre. Qu'on change, si l'on veut, la figure des premières notes du chant, et qu'au lieu de faire des noires on fasse des croches : les deux syllabes se prononceront plus vite, mais la première aura toujours l'accent, comparée à la seconde, à cause de l'ordre, et la seconde ne l'aura jamais, comparée à la troisième , parce que deux accens de suite ne peuvent point être d'égale force , et que celui qui se trouve à sa véritable place , est toujours plus sensible que celui qui n'y est pas. J'ai donc marqué la première syllabe comme longue, et la seconde comme brève, quoique de leur nature elles soient en sens invers , parcequ'elles deviennent telles par leur position; sur quoi la phrase du chant , qui est le modèle exact du vers , ne laisse aucun doute.

J'ai dit encore que tous les mots ne présentent pas, au premier abord, des mesures exactes : ainsi les pieds du vers sont de trois manières : simples, composés et imparfaits. Je les appelle simples , lorsqu'ils se forment naturellement d'un seul mot ; composés , lorsqu'ils se forment de l'enchaînement des syllabes d'un mot sur l'autre , ou que le même mot en contient deux et plus.

$$\overline{Sum}\breve{mo} \mid \overline{ve}\breve{re} \mid \overline{lit}\breve{to} \mid ra.$$

$$\overline{D'In}\breve{no} \mid \overline{cen}\breve{te} \mid \overline{Ver}\breve{gi} \mid ne.$$

Le premier mot de ces deux vers, comme chacun peut le voir , est composé de deux pieds, quoiqu'il ne contienne qu'un seul accent naturel; pareils exemples se rencontrent à chaque pas dans les poésies, tant anciennes que modernes. Cela confirme ce que j'ai déja avancé , que la regle absolue de l'accent ne suffit pas toujours à la construction des vers.

alors elle est remplacée par la quantité syllabique, qui pourtant ne produit son effet qu'en vertu de l'accent, puisque toute syllabe longue, et même toute syllabe brève mise à la place du tems fort de la mesure, devient accentuée dans le chant de la Musique; comme les phrases qui servent d'exemples le font voir. D'où il suit que plusieurs mots dans les vers anciens et modernes, portent, pour ainsi dire, deux accens; mais de ces deux accens un seul est l'accent naturel, l'autre est purement musicale ou rythmique.

Le pied simple a lieu dans toute espèce de vers, et dans tous les endroits du vers indistinctement. Les vers entièrement composés de pieds simples seront les plus harmonieux de leur genre, et les plus doux à l'oreille; mais en même tems ils n'auront pas beaucoup de majesté ni de variété, à cause de la trop exacte ressemblance de leurs pieds.

Le pied composé, qui est encore très harmonieux et plus varié que le simple, a lieu également dans toute espèce de vers, pourvu qu'il conserve les divisions ou césures harmoniques.

Les pieds imparfaits, que j'appellerai pieds de supplément, sont ceux qui représentent quelqu'un des cinq pieds légitimes avec quelqu'imperfection; c'est-à-dire, que le nombre de syllabes dont-ils doivent être composés, ou ne suit pas la percussion régulière de l'accent, ou ne contient pas exactement la quantité convenue. Cependant ils peuvent fort bien avoir lieu dans le vers, à l'exception des endroits où les divisions qui lui sont propres, sont sensibles, lesquelles sont la fin du même vers, comme la fin de chaque hémistiche. Il est aisé de concevoir qu'une seule syllabe déplacée de ces endroits, romprait l'accord des principales proportions, et détruirait la forme du vers. Il est de fait que si l'on déplace le dernier accent, le vers sera trop long ou trop court, et n'aura plus sa juste dimension : si l'on déplace le dernier des hémistiches, le vers n'aura plus de mètre, ni les divisions qui le rendent harmonique. Mais les proportions principales et les divisions requises du vers, étant observées, les pieds de supplément, ou imparfaits, peuvent être admis par tout ailleurs. Ceux-ci non seulement sont fort utiles au Poëte, par la plus grande facilité qu'ils lui procurent pour la construction du vers, mais ils font valoir le vers même, parce que, sans détruire sa vraie forme, ils introduisent beaucoup de variété dans son harmonie, et le rendent susceptible de varier l'expression. Ces mêmes modifications ne conviennent pourtant pas également aux vers d'un rythme ternaire, (à moins qu'ils ne soient calculés sur la transposition du rythme, ou sur la quantité syllabique) la nature de la mesure à trois tems s'y oppose ; elle ne supporte pas les al-

…térations sans beaucoup perdre de sa propre har‑
monie, comme il a été dit en son lieu.

Plus le vers est court, plus il veut être exact, par
la raison qu'étant formé d'une seule proportion,
rien ne peut suppléer au manque d'harmonie : au
contraire, un vers de plus grande étendue peut recti‑
fier sur la proportion qui succède, l'inexactitude de
la première. Tout vers de trois pieds ne pourra donc
contenir qu'un seul pied imparfait : s'il en renferme
deux, il est faux, par la raison que la force majeure
entraine la force mineure, et qu'alors l'oreille ne
saurait plus y distinguer aucune mesure. Mais un
vers de cinq pieds, qui se divise sur le troisième,
pourra avoir deux pieds imparfaits au premier hémis‑
tiche, parce que le second détermine la proportion
incertaine du premier. Ces différentes modifications
du vers sont subordonnées à la mesure, et réglées
par elle ; car on a vu qu'elle ne se détermine que
par la succession de celles qui viennent après. Voilà,
généralement parlant, pourquoi la fin du vers doit
être plus exacte et plus soignée que le commence‑
ment.

Enfin, j'observerai une fois pour toutes, que les
syllabes d'augmentation ou superflues à la fin des
hémistiches, ne s'élident jamais dans aucune langue,
et qu'elles ne peuvent jamais dans les poésies mo‑
dernes, faire corps à part, mais qu'elles doivent

appartenir au même mot dont la syllabe accentuée
se compte dans la dimension du vers.

Exemples du Vers Trochaïque de quatre pieds.

Regle

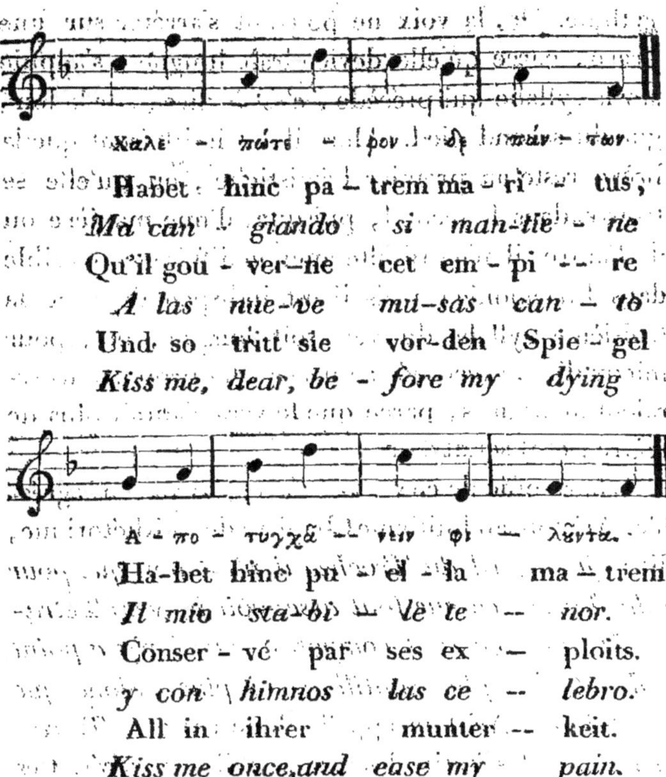

Regle générale , tous les vers de quatre pieds devraient se partager en deux portions égales ; mais ici
cette condition n'est pas de rigueur. La raison principale est que la dernière syllabe du second pied , qui
achève le mètre du vers et complette le premier
hémistiche , est brève , et doit l'être par la nature du

rythme. Or, la voix ne pouvant s'arrêter sur une brève, parce qu'elle deviendrait longue, s'appuie sur la syllabe qui précède, c'est-à-dire, sur la longue du second pied. Alors il est indifférent que la brève reste au premier hémistiche, ou qu'elle se trouve dans le second, puisque, d'une manière ou de l'autre, il n'en résulte aucune différence sensible dans l'harmonie; mais il est indispensable que la troisième syllabe du vers soit longue, ou, pour mieux dire, accentuée; sans cela les proportions seraient manquées, parce que le vers n'aurait plus de mètre, et il serait faux.

L'harmonie de ce vers est fort gaie et fort agréable. Aristote au huitième Chapitre de sa Rhétorique, dit : « à l'égard du *Trochée il n'est bon que pour* » *la danse, ce que font assez voir les vers Tetra-* » *mètres qui en sont composés, car il n'y a point* » *de nombre plus sautillant ni plus enjoué que* » *celui-là* ». Aristote appelle donc ces vers *Tetra-* *mètres*, et les Latins les ont appellés *quarrés*. Ces noms leur viennent de ce que les Anciens les écrivaient le plus souvent deux à deux, comme ceux qui suivent:

> Appelque vere primum — cum tener virescit annus ;
> Vinitorque falce tonsos — vitibus maritat ulmos.

Ils avaient encore l'habitude de mêler les Trochaïques de quatre pieds, avec ceux de trois pieds surabondans, écrits d'un seul trait. Nous en avons l'exemple dans ceux, déja cités, de Terentianus.

> Una longa non valebit —— edere ex se se pedem.

Comme dans ceux qui se trouvent à la suite des Œuvres de Pétrone.

> Nunc serente cum Catone —— rusticatur rusticus ,
> Et maritat amputando —— vitium propagines.

Goëthe les a souvent imités dans ses poésies , quoiqu'il ait écrit chaque vers à part.

> Nach Mittage sassen wir —— junges volt in Külrlen
> Amor Kam , und stürbt der Fuchs—— Wollt' er mit uns , spielen

Tous les vers de quatre pieds pouvant se diviser en deux parties égales, les Poëtes séparent souvent les deux hémistiches , et les écrivent de manière qu'ils semblent présenter deux vers bien distincts : les Anciens les nommèrent *Monomètres*. Comme parmi les phrases de la Musique on peut mêler quelques mesures sans qu'elles forment une phrase complette, de même il est permis de mêler un mètre aux vers, principalement si le mètre et les vers sont de même nature , et dérivent du même pied. L'usage des Auteurs modernes de mélodrames, d'écrire les deux hémistiches des vers de quatre pieds en deux lignes séparées, ne tire point à conséquence ; cela peut servir

L 2

au contraire, à mieux distinguer et à mieux faire sentir les divisions qui leur sont propres. Qu'importe en effet que deux vers soient réunis dans la même ligne d'écriture, ou qu'un seul soit divisé en deux. L'oreille ne connaît point la distinction des lignes, mais elle sait très bien apprécier l'harmonie de deux vers écrits ensemble, comme elle apprécie celle d'un vers partagé en deux. Ascanio Giustiniani dans sa paraphase des cinquante premiers Pseaumes, mis en Musique par Benedetto Marcello, nous fournit plusieurs exemples de ces derniers. Tels sont ceux qui se trouvent au commencement du Pseaume XXII.

S'è il signore —— Mio Pastore,
S'ei mi regge —— Qual suo gregge....
Ei mi pone —— Ne' primieri
D'erbe ornati —— Verdi prati....

Les vers suivans sont écrits de la même manière, ils augmentent, comme il est aisé de le voir, d'une syllabe à chaque hémistiche, ce qui ôte beaucoup de douceur à leur harmonie, et la rend au contraire grave et soutenue; et cela par la raison que l'accent du second hémistiche se fait attendre plus longtems.

Si confondano —— Si vergognino
Quei che bramano....
Dense tenebre —— Le vie coprano

Sempre lubriche....
E perseguali — Dell' Altissimo
Sempre l'Angelo — E riducagli
Spaventandoli — ......

Les Poésies de Goëthe nous fournissent aussi des exemples de ces vers séparés en deux moitiés.

Sich wir wissen — Rath zu schaffen.
Lass düch Küssen — Seht den Affen !
Welch Entsetzen — Welch ein Bluck.

Le vers Trochaïque de cinq pieds est celui que l'abbé Quadrio a nommé *trimètre Bracchicatalec-tique.*

Cette espèce de vers est très peu usitée, et il est aisé d'en dire la cause. Le vers de cinq pieds étant le plus étendu de son genre, a besoin de quelque repos, ou césure, afin qu'il puisse être harmonieux ; mais le Trochée s'achève sur une brève, et nous avons dit qu'il ne peut y avoir ni repos ni césure sur une brève. Le vers est donc forcé de suivre une marche trop uniforme pour qu'il puisse être longtems agréable. Une longue suite de vers de cette espèce fatiguerait l'oreille au lieu de la charmer ; voilà pourquoi ils sont très rares.

CHAPITRE XV.

Des Vers Iambiques.

Le premier de cette espèce est le vers Iambique de trois pieds, qu'il soit manquant, plein, ou surabondant, comme s'exprimaient les Anciens, ou, comme disent les Italiens, qu'il soit *tronco, piano* ou *sdrucciolo ;* c'est-à-dire, qu'il finisse sur sa juste mesure, ou qu'il contienne, en outre, une ou deux syllabes qui surabondent à la fin. Les Anciens l'appellèrent *Dimètre,* c'est-à-dire de deux mètres, ou de quatre pieds, par la même raison qu'ils en comptaient six dans ceux qui en ont cinq. Cela a fait croire qu'il pouvait exister une différence réelle entre la même espèce de vers anciens et modernes ; ce qui n'est, (comme je ne me lasserai pas de le répéter), qu'une illusion : car , si les syllabes *catalectiques* ou superflues, faisaient partie de la vraie dimension du vers, il est évident qu'en les supprimant on en détruirait la mesure, comme les exemples suivans le font voir.

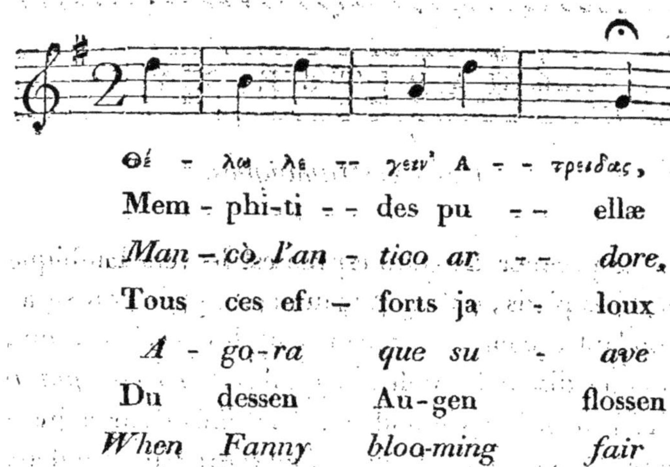
Θέ - λω λέ - - γειν' A - - τρειδας,
Mem - phi-ti - - des pu - - ellæ
Man - cò l'an - tico ar - - dore,
Tous ces ef - forts ja - - loux
A - go-ra que su - ave
Du dessen Au-gen flossen
When Fanny bloo-ming fair

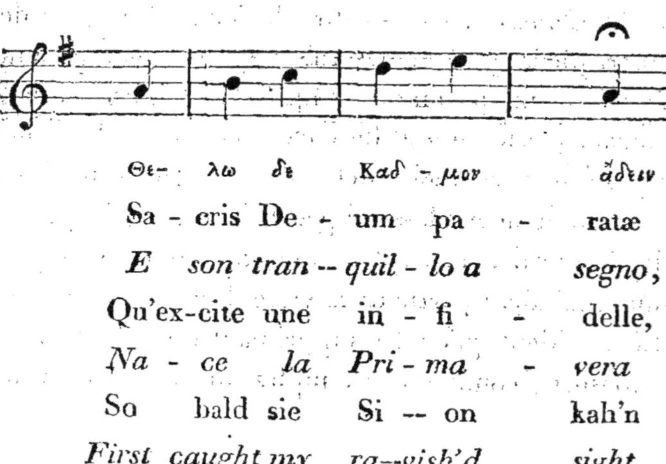
Θε- λω δε Καδ - μον ᾄδειν
Sa - cris De - um pa - ratæ
E son tran -- quil - lo a segno,
Qu'ex-cite une in - fi - delle,
Na - ce la Pri - ma - vera
So bald sie Si -- on kah'n
First caught my ra--vish'd sight,

'Η βάρϐι - - τος δὲ χορδαῖς
Tinc -- tus co - lo - re noctis
Che in me non tro -- va sdegno
La ven -gent mieux de nous
No ves co - mo las gracias
Zur Fre—vel -- tat ent - schlossen
Struck with her shape and air

Ἔ - ρω - τα μοῦ - νον ἀχεῖ.
Ma -- nu pu - er lo - quaci
Per masche - rarsi a - mor.
Qu'ils ne nous ven - gent d'elle.
De ro- sas mil se llenan ?
So sei -nem Fal - le nah'n.
I felt a strange de - light.

Il suffit, dit-on communément, que ce vers ait un seul accent placé sur la sixième syllabe. Si par là on entend que les accens, dans le courant du vers, peuvent se supprimer, la regle est juste, parce que l'oreille les suppose, et la quantité syllabique, vraie ou idéale, y supplée en quelque sorte, ainsi que je l'ai déja dit. Mais c'est une erreur de croire que les accens intermédiaires puissent être placés au hasard, parce que s'ils sont distribués de manière à changer l'ordre de la percussion, le vers est à contre-mesure, faute inexcusable en Musique, comme en Poésie. La contre-mesure a lieu toutes les fois qu'un vers perd sa forme naturelle; soit que sa structure appartienne à un rythme différent, soit que par sa constante irrégularité, il ne puisse s'adapter à aucun des cinq rythmes. Dans la première supposition, il est évident que la mesure est changée; parconséquent un tel vers ne peut faire portion d'un rythme qui ne lui appartient pas : dans la seconde, il n'est point un vers, parce que le vers étant une portion de rythme, doit, de nécessité, appartenir à quelque rythme. Je conclus donc que le vers Iambique de trois pieds n'admet jamais un accent principal sur sa troisième syllabe, qui doit toujours être brève; sans quoi il changerait de mètre, ou il n'en aurait aucun. Les vers suivant de Chiabrera, réputés Iambiques,

à l'exception du premier, sont Anapestiques, et il en
sera parlé en son tems.

Sulla primiera uscita
Dell' Eo | lia caver | na ,
Austrò appe | na è fremen | te
Indi vien | si possen | te
Che a sua vo | glia gover | na
La salsa on | da infini | ta *etc.*

Le second vers Iambique est composé de quatre
pieds. Celui-ci peut être construit de deux manières
différentes, parce que pouvant se diviser en deux
portions égales, les deux hémistiches peuvent quelquefois surabonder, d'une ou de deux syllabes
non accentuées ; quelquefois un seul hémistiche surabonde. Les Iambes *dimètres* qui ne se divisent pas
ostensiblement en deux portions égales , et qui parconséquent ne surabondent qu'à la fin , sont ceux
que les Anciens nommèrent *Alcaïques*. Je ne vois
pas qu'ils en aient fait usage sans les mêler avec d'autres. Que les deux hémistiches de ce vers soient réellement séparés, ou réunis, le second pied doit être
un Iambe, c'est-à-dire que la quatrième syllabe doit
avoir l'accent , autrement le vers serait manqué par
les raisons déja rapportées.

Pro - du - xit ar - bos in ne - potum.
Già mi dols' io che a - cer - bo affanno
Les é - lé - mens ces - sent leur guerre;
So hab' ich wirklich dich ver-loren?
When Ju - bal struck the cor- ded shell.

Te triste lig - num te ca-ducum.
Del mio bel sol tur - basse i rai,
Les Cieux re - pren-nent leur a - zur.
Bist du o scho - ne mir entflohn?
His list' ning bre- thren stood a - round,

Al - cœ - e plec- tro du - ra navis,
Sic - ché ria nu - be di cor-doglio
Un feu sa - cré pur - ge la terre
Noch klingt in den ge - won-ten Ohren
And wond'ring on their fa - ces fell

Mais ces vers deviennent plus harmonieux et plus agréables à l'oreille, s'ils se divisent distinctement en deux hémistiches. De ce genre sont les Phaleuces de la langue Latine, quand leur premier hémistiche n'outrepasse pas la sixième syllabe, et lorsque l'accent se fait sentir sur la quatrième.

La différence du système apporte quelque diversité de calcul entre ces vers construits chez les Anciens, ou construits chez les modernes; mais l'effet de l'harmonie est le même dans les uns et dans les autres. Les Latins mêlaient indistinctement ces vers Iambiques de quatre pieds, avec un autre de cinq; mélange qui ne peut pas être admis dans les poésies modernes. Mais les Anciens qui n'avaient pas de moyen de distinguer sur le papier, les syllabes *catalectiques*, ou superflues, ont été obligés de les considérer comme faisant partie intégrante du vers, afin d'avoir une manière assurée de les chanter en mesure. De là vient aussi qu'ils établissaient quelquefois une distinction entre deux vers de même espèce, et que quelquefois ils n'en établissaient pas entre deux vers d'espèce diverse, comme nous le voyons ici dans les Phaleuces, dont le chant, à l'égard de la mesure, était de la manière suivante.

Ces vers sont fréquens dans les Poésies en langue
italienne, ils y sont en même tems fort variés, à
cause des syllabes surabondantes dont ils sont susceptibles, selon qu'elles y sont admises ou supprimées. Melchior Cesarotti en a placé plusieurs dans
sa traduction des Poésies d'Ossian. L'exemple qui
suit se trouve dans le Poëme de Dartula.

> Ombre ombre pallide de' padri nostri,
> Sù dalle nubi tosto piegatevi
> Là negli aerei azurri chiostri.
> Lasciate l'orrida vermiglia luce,
> Ed accogliete cortesi e pallide
> Compagno ed ospite l'estinto duce.

Les Poëtes modernes séparent souvent les deux
hémistiches, et les écrivent chacun à part : alors,
comme il arrive dans tous ceux du même nombre,
d'un vers de quatre pieds ils forment deux vers monomètres. Les vers suivans de Metastasio sont écrits en
deux lignes séparées.

Più non si trovano —— Fra mille amanti
Sol due bell' anime —— Che sian costanti,
E tutti parlano —— Di fedeltà.

Ainsi que ces autres d'Ascanio Giustiniani, dont chaque hémistiche surabonde de deux syllabes. *Ps.* v.

Le voci querule —— Del labro supplice,
E i gravi gemiti —— D'ascoltar piacciati,
Dio clementissimo —— Che innalzo la te...
Le preci fervide —— Che da me spargonsi
Nelle miserie —— Che'l cor mi stringon
Odi propizio —— Mio Dio, mio Rè.

La même espèce de vers sans aucune syllabe superflue est de la manière suivante.

Se il vuoi saper —— Io sono Amor;
Il mio poter —— Ti dica il cor
Lo stral quest' è —— Che ti piagò,
Non credi a me ? —— Ti ferirò.

Les suivans d'Ascanio Giustiniani surabondent d'une syllabe à chaque hémistiche. *Ps. XLI.*

Qual anelante —— Cervo che fugge
Da fieri veltri —— E cerca il fonte
In cui s'estingua —— Sua sete ardente
Tale son io —— Che da crudeli
Nemici miei —— Sempre inseguito
Vò sospirando —— Per mio ristoro
L'alto soccorso —— Di te mio Dio.

Souve

Si strugge l'alma, —— Languisce il core

Nè trova pace —— Se a te non giugne ,

E non ottiene —— La tua difesa

Dio vivo e forte ! —— Deh quando fia

Che a passi miei —— Per contemplarti

Signor di nuovo —— Del maestoso

Tuo tempio augusto. —— S'apran le porte ?

Souvent la syllabe ne surabonde que dans un hémistiche , comme dans ceux-ci de Metastasio.

Ai passi erranti —— Dubbio è il sentiero ;

Non àn le stelle —— Per noi splendor ;

Siam naviganti —— Senza Nocchiero ,

E siamo agnelle —— Senza Pastor.

La même manière est fréquente dans les Poésies de Goëthe.

Wie herlich leuchtet —— Mir die Natur !

Wie glanzt die sonne! —— Wie lacht die Flur !

Es dringen Blüthen —— Aus jedem Zweig ,

Und tausend stimmen —— Aus dem Gestrauch.

Enfin la manière d'écrire ce vers en deux lignes séparées , est dans toutes les Langues.

Rompez vos fers —— Tribus captives.

Pastora canta —— Con gracia tanta ,

Che internescido —— De haberte oido....

With ravish'd ears —— The monarch hears ,

Assumes the god —— Afects to nod....

M

Il nous resté à examiner l'Iambe de cinq pieds, qui a divers noms, d'après les diverses modifications dont il est susceptible. A cette espèce de vers appartient l'*Iambe trimètre* plein, autrement dit *Sénaire*; le manquant nommé *Scason*, le *Saphique* et le *Phaleuque*, lorsqu'il fait sentir l'accent sur la sixième syllabe.

La nature de ces vers, *Phaleuque*, *Saphique*, *Scason* et *Iambe*, est la même, et tous sont Iambiques de cinq pieds : ils ne diffèrent l'un de l'autre qu'accidentellement, selon les divers pieds imparfaits ou de supplément qu'ils renferment, et la place que ces pieds y occupent. L'endécasyllabe Italien, et, en général, le vers de dix syllabes des langues modernes, répond à toutes ces formes, et il s'approche plus de l'une ou de l'autre, selon qu'il est plus ou moins surabondant à la fin, et selon qu'est placée la division du premier hémistiche, c'est-à-dire, selon que l'accent se fait sentir sur la quatrième, ou sur la sixième syllabe.

Exemple du vers Iambique de cinq pieds, surabondant, chez les Anciens; *Iambe trimètre* ou *Sénaire*; et *Endecasyllabe sdrucciolo* chez les Italiens.

La même phrase de chant sert de modèle aux autres modifications. Telle est celle du *Scason*:

Vulcanus ardens urit officinas.

Me peregrino errante, e fra gli scogli.

Tant de tendresse, ô Dieux, est-elle un crime?

El Sol las largas sombras acertaba.

Mit keinen holden, süssen Worten aus.

So when inclement winters vex the plain.

M 2

Celle du *Saphique* :

Scandit æratas vitiosa naves.

D'altri concetti che de' tuoi le carte.

Et si ce n'est pour soulager ma flamme.

Rompe del seno del dorado Atlante.

Lasst uns noch wenig Augenblicke warten.

Since great Achilles and Atrides strove

Enfin celle du *Phaleuce* lorsque l'accent se fait sentir sur la sixième syllabe.

At vobis male sit malæ tenebræ
Orci , quæ omnia bella devoratis.

Che narrandole poi non se le crede ,
E stimato bugiardo ne rimane.

Tourne un moment tes yeux sur ces climats
Cruel auteur des troubles de mon ame.

Al rayo de su luz hermosa y pura
Desvelado Lisardo pierde el sueno.

Wo meine Schöne ruht. Sie schlaft allein,
In einem Seitenflügel dieses Schlosses.

If mercy fail, yet let my presents move
And dread avenging Phœbus, son of Jove.

Les Anciens distinguaient donc, par un nom particulier, chacune des principales modifications du vers Iambique de cinq pieds, et ils se gardaient de les mêler l'une avec l'autre, crainte d'embarrasser le chanteur dans l'exécution de la mesure : car, quoique ces modifications accidentelles ne changent pas la forme légitime du vers, elles introduisent néanmoins une variété particulière dans la phrase du chant. Celle du vers Saphique, à l'égard de la mesure, avait lieu ainsi qu'on peut le voir ci-après.

M 3

(1) On voit par l'exemple musical que le vers saphique contient divers contre-tems , ou syncopes , par où il finit. C'est pourquoi on le trouve toujours exact chez les anciens ; car la moindre licence dérangerait les syncopes , et le chanteur ne s'y trouverait plus. Un chant qui finit sur un contre-tems ne satisfait pas pleine-

Que l'on compare actuellement les trois diverses phrases de chant que j'ai rapportées d'après l'ancien systême sur les trois modifications principales de ce vers Iambique, et l'on verra qu'anciennement elles n'auraient pu se succéder indistinctement sans confusion. Les Anciens ont donc été forcés (faute de moyen de les indiquer, étant mêlées ensemble) d'admettre certaines distinctions qui, à notre égard, n'ont d'autre réalité que le nom qu'ils leur ont donné, et de se tenir à une simplicité louable, mais qui prive les vers de la variété dont ils sont susceptibles. Le nouveau systême musical a mis nos Poëtes à leur aise, et ils peuvent faire usage, à leur gré, de toutes ces modifications qui, mêlées avec discernement, sont une nouvelle source de variété et d'expression. Malheureusement quelques-uns d'entre eux abusent de

---

ment l'oreille, aussi nous voyons que les Anciens avaient la coutume d'ajouter à un certain nombre de Saphiques le vers Adonique, afin que la cadence finale du chant fût en mesure parfaite. Cela nous donne la raison pourquoi l'on trouve quelquefois, même dans Horace, ces deux vers liés ensemble, comme :

> *Grosphe non gemmis, neque purpura ve-*
> *nale, nec auro.*

je suis étonné que les Grammairiens qui ont vu et expliqué tant de choses n'aient pas senti cela.

M 4

cette liberté, et justifient en quelque sorte, les déclamations des Rigoristes, qui nous opposent continuellement l'usage des Anciens, sans donner les motifs de cet usage, et sans nous prouver jusqu'à quel point nous devons le suivre. Pour ce qui est du vers Iambique de cinq pieds, que nous examinons, on doit observer le précepte d'Horace, de mettre un ïambe tant au second qu'au quatrième pied : c'est-à-dire que si la division du premier hémistiche est au second pied, et que le premier accent principal se fasse sentir sur la quatrième syllabe du vers, la septième ne doit jamais être accentuée, parce qu'alors les proportions changeraient, et il deviendrait Anapestique : or, on verra qu'un tel vers ne peut se mêler avec les Iambes, parce qu'il appartient à une mesure différente, comme il sera démontré en parlant des vers Anapestiques.

CHAPITRE XVI.

Des Vers Dactyliques.

Le premier de ces vers devrait se composer de trois Dactyles, néanmoins au lieu du Dactyle on tolère le Spondée, comme pied de supplément, tantôt dans une de ses parties, tantôt dans l'autre. Cela peut se voir dans le vers *Alcmane* qui commence par deux Dactyles, et finit par un Spondée ou Trochée.

Fundite | fletibus | ora. |

Et dans le Glyconique qui commence par un Spondée, et finit par deux Dactyles.

Certo | fœdere | castitas. |

Et encore dans le Phérécratien qui a un Dactyle au milieu de deux Spondées.

Quamvis | Pontica | pinus. |

Le second vers Dactylique de quatre pieds est l'*Asclépiade*.

Mœce | nas | ata | vis | edite | regibus. |

Je paraîtrai peut-être bien hardi si j'affirme que

les deux hémistiches de ce vers ne s'accordent pas,
et qu'ils sont à contre-mesure l'un par rapport à
l'autre, parce que le premier appartient au rythme
Anapestique, et le second au rythme Dactylique. La
phrase du chant construite d'après l'ancien système
ne nous laisse aucun doute là-dessus.

De quelque manière qu'on retourne le chant, les
deux brèves du premier hémistiche seront toujours à
contre sens avec celles du second, parce que si les
premières se font en frappant, les dernières se feront
en levant, et réciproquement. J'ajouterai pour ceux
qui n'entendent pas le langage musical, que le même
premier hémistiche de l'Asclépiade sert de premier
hémistiche au vers Héroïque ;

Sylvestrem tenui musam meditaris avena.

comme au Pentamètre, de sorte que l'Asclépiade,
étant augmenté d'une syllabe à la fin, devient Pentamètre :

Mœcenas atavis edité principibus..

Or, les deux vers, Héroïque et Pentamètre, appartiennent au rythme Anapestique ; nous voyons que le premier hémistiche de l'Asclépiade sert à construire ces deux vers ; donc il est Anapestique ; parconsé-quent à contre-mesure avec le second qui est Dacty lique ; d'où il s'ensuivrait que le vers serait faux. Ce-pendant la forme du vers n'est pas fausse, mais la manière de le combiner. Les Anciens sont quelque-fois tombés dans cette erreur à cause de l'opposition qui existe souvent entre la force naturelle de l'accent, et les regles métriques qui font la base de leur sys-tême. C'est ce qui arrive dans la circonstance pré-sente ; le vers est juste naturellement, et j'oserai pres-que dire malgré eux ; car il est faux d'après leur calcul.

La forme naturelle de l'Asclépiade est de quatre pieds dactyliques, dont le premier, qui se compose aussi de trois syllabes, sans être pourtant un vrai Dactyle, est un pied de supplément. Si l'on accorde à la mesure à deux tems, le pied de supplément, formé de deux syllabes, comme le Spondée, il n'y a pas de raison pour n'en pas accorder un de trois syllabes à la mesure à trois tems ; car pourquoi l'une des deux me-sures aurait-elle un droit que l'autre n'aurait pas. Le second pied doit être un Dactyle ; le vers n'est har-monieux qu'autant que la percussion de l'accent pré-sente un Dactyle. C'est pourquoi ceux qui sont cons-truits d'une autre manière sont tellement privés d'harmonie, qu'ils ne paraissent pas être de la même famille.

La seule construction qui appartienne à l'Asclépiade est donc celle qui suit , de laquelle on ne peut s'écarter sans déroger aux lois métriques , parce que son harmonie propre , provient de l'accent , ainsi que je l'ai observé pour d'autres vers :

La cadence de ce vers se fait mieux sentir lorsqu'il est calculé d'après le système moderne, sans transposition du rythme, comme on peut le voir par l'exemple du même chant.

Le vers *Alcaïque*, dont le second pied est un Spondée, est de même nature :

Tradam protervis in mare Creticum.

ainsi que le suivant qui commence par deux Dactyles, et finit par deux Trochées,

Impavidum ferient ruinæ.

qui le font paraître à contre-mesure, quoiqu'il ne soit qu'à contre-tems ; car le Dactyle et le Trochée conservent le même ordre de mouvement, puisque tous les deux commencent par le tems fort de la mesure, comme cette phrase de chant le prouve :

Les vers suivans qu'on lit dans Boëtius, appartiennent à la même espèce.

Qui serere ingenuum volet agrum ,
Liberat arva prius fructicibus ,
Falce rubos , silicemque resecat ,
Ut nova fruge gravis Ceres eat.

Tous ces vers sont Dactyliques de quatre pieds ; ils ne varient entre eux qu'accidentellement, chose déja remarquée ailleurs ; mais la construction des deux derniers ne peut pas avoir lieu dans le systême moderne.

Le vers de cinq pieds dans ce rythme, est l'*Eolique* de Sapho, comme serait :

Hic musam tenui meditabor arundine.

Dans celui-ci, comme dans les précédens, on admet des pieds de supplément; d'où dérive la variété qu'on remarque entre eux. Ceux-ci sont les vers Dactyliques de l'ancienne Poésie; ils ne sont presque pas en usage dans les langues modernes. La raison en est que quelques-unes d'elles manquent de Dactyles; que, d'après le systême moderne, ces vers admettent très - rarement, non - seulement des pieds de supplément, mais encore des pieds composés; de sorte que le Poëte ne peut guere faire usage que des pieds simples, s'il veut que l'harmonie qui leur est propre, soit sensible; ce qui rend la construction du vers difficile, et, à la longue, monotone et fatigante pour l'oreille. Tout cela est conforme au génie naturel de la mesure à trois tems, que j'ai dit être plus sensible que celle à deux tems, mais moins susceptible d'être variée.

Les vers ci-après de B. Campelli, dans la Tragédie intitulée, *Jérusalem Captive ,* sont des vers Dactyliques de quatre pieds.

Ma qual di | struggemi | rapida | furia , |

E come assordami l'orrido numero
Dé Carmi , ond' Ecate pallida rendesi ?
Come spaventami l'Erebo , e segnami
Ciò che di misero l'invido carcere
Serra del Tartaro ? Rigida , perfida ,
Sorda , implacabile , squallida , sordida
Cruda Tesifone la misera anima
Così mi laceri , nè alla tua rapida
Sferza già donasi termine , o requie ?

Chiabrèra , à l'imitation de l'ancienne Poésie, a composé l'Ode suivante , dans laquelle les deux premiers vers sont Dactyliques , de quatre pieds , et les deux derniers de trois , et tout-à-fait semblables au *Phérécrate* et au *Glyconique* des Anciens.

Celeste grazia sopra i miei meriti
A me mostravati , Vergine nobile.
 Oh che agevole giogo ,
  Che piacevole carcere !
Or gli anni agghiacciano : lagrime , e gemiti
Or più non amano , Vergine , e s'amano
 Amano lucido ostro ,
  E vin gelido amabile.

Del qual s'io ricreo l'aride viscere
Le Muse celeri subito corrono ,
 Ed or temprano cetre ,
  Ota fistole spirano.
Se questi piaccionti musici studii ,
Andrò cantandoti , cigno per l'aria !
 E tu volgimi gli occhj ,
  Ch' altrui l'anima beano.

Il ne reste donc plus que le Dactylique de cinq
pieds, dont je ne trouve aucun exemple dans les
Poésies modernes, il est même difficile d'en trouver
dans les anciennes, ce qu'il faut attribuer à la
nature du rythme.

N

CHAPITRE XVII.

Des Vers Amphibrachiques.

Les anciens Poëtes, comme je l'ai déja fait observer, n'ont point fait usage de ce rythme, ni par conséquent des vers qui lui appartiennent. Les vers ci-après sont des Amphibrachiques de trois pieds (1).

(1) L'abbé Quadrio prétend qu'on ne doit point admettre cette espèce de vers de neuf syllabes, et qu'ils n'ont jamais été employés par les bons Poëtes. Cette assertion erronée me paraît encore une conséquence nécessaire des préjugés invétérés sur la versification ; car les Anciens, comme je l'ai dit, n'ayant point fait usage de ce rythme, à cause de la confusion qu'il ne pouvait manquer d'apporter dans l'exécution du chant, vu leur manière d'indiquer la mesure, il est certain qu'on ne trouvera aucun exemple de vers semblables dans leurs poésies. A l'égard des Poëtes modernes, il me semble que les talens de ceux dont je cite les exemples, sont assez connus pour faire autorité ; mais, comme aucun des Ecrivains modernes n'a encore déterminé d'une manière précise, quelle est l'origine du nombre poétique, et encore moins en quoi consiste la différence des vers anciens et des vers modernes, il ne faut pas s'étonner que leurs opinions sur la versification, diffèrent entre elles, et qu'aucun d'eux n'ait fait mention

L'Aurora, | che a noi fa | ritorno, |
Colora | le cime | de' monti ; |
Su pronti | lasciamo il | soggiorno |
Corriamo | le belve a | destar. |

Les vers suivans, de Chiabrera, sont de la même espèce :

È seco | ritorna. | no l'ore. |
Sorgete | del chiuso o | rizonte. |

Celui-ci de Laurent Mattei, encore :

Di perle | di tremu. | lo gelo.

---

de cette espèce de vers. G. G. Salvatori trouve leur cadence douce et agréable ; et le P. Sacchi, dont la mémoire me sera toujours chère, relève l'erreur dans laquelle est tombé, à leur égard, l'abbé Quadrio, et il admet ces vers dans la classe des Anapestiques, ce qui est encore une erreur, comme les choses exposées jusqu'ici le font voir. *Per altro*, dit Tartini, *la vera cagione degli errori, ne' quali sono incorsi con questo* (le P. Sacchi) *tanti altri egualmente insigni Soggetti, si è stata non mai la mancanza di dottrina (ne abbondano oltre il bisogno), ma la mancanza delle necessarie musicali nozioni. Essi hanno supposto che al bisogno basti una materiale superficial nozione delle cose musicali, e quì si sono ingannati, e s'ingannano grandamente.*

Tart. Let. à M. de la Serre.

N 2

De même que ceux-ci de Racine :

Pendant que | le pauvre a | ta table. |
A toute | la race | coupable. |

Et ces autres de J. B. Rousseau :

Ainsi que | le cours des | années |
Se forme | des jours et | des nuits , |
Le cercle | de nos des | tinées |
Est marqué | de joie et | d'ennuis. |

Le vers Amphibrachique de quatre pieds est d'un usage très fréquent dans les Poésies modernes, et principalement dans les compositions Lyriques et Dramatiques. Les Poëtes écrivent toujours le même vers sur deux lignes, en séparant les deux hémistiches dont il se compose. Cet usage n'a aucun inconvénient ; car les vers de quatre pieds devant se diviser en deux portions égales, pour avoir la qualité harmonique qui leur est essentielle, peu importe que cette division subsiste dans la même ligne d'écriture, ou qu'elle se trouve sur deux lignes différentes, comme nous l'avons déja remarqué à l'égard des autres vers qui ont un nombre égal de pieds. Cependant, pour rendre la chose plus sensible, je réunirai les deux hémistiches séparés, afin que les exem-

[] ples suivans présentent le vers sous la forme exacte
" que la nature lui a imprimée.

D'Ascanio Giustiniani. Ps. XXXV.

A lui pre | parasti | di beni im | mortali |
Un regno | fecondo , | e un fiume | di gioja |
Ond' ebro | divenga | di santo | piacer. |
Poichè de | la vita , | signor , sei | la fonte, |
E noi ve | deremo | nel tuo il ve | ro lume , |
Che solo | rischiara | la mente e'l | pensier. |

De Metastasio.

Non so don | de viene | quel tene | ro affetto , |
Quel moto , | che ignoto | mi nasce | nel petto , |
Quel gel che | le vene | scorrendo | mi va. |
Nel seno a | destarmi | si fieri | contrasti |
Non parmi | che basti | la sola | pietà. |

De J. B. Rousseau.

La terre | tremblante | frémit de | terreur : |
La lune | sanglante | recule | d'horreur. |

De D. L. de Gongora :

A veces | despoja | de chosa | y apero |
Al mayor | cabrero | y a quien se | le antoja |
La cabra | mas coja | parió dos | cabritos. |

N 3

De Goëthe :

Herein mir | den Sachen , | Herein nur | herein ! |
Das alles | ist euer , | Das alles | ist mein. |
So haben | die andern | Gar treulich | gesorgt ; |
Wir haben | es wieder | Von ihnen | geborgt. |
Wie sorlich | gefaltet ! | Wie Zierlich | gesackt ! |
Auf unse | re Reise | Zu sammen | gepackt. |

De Dryden :

The trumpet's | loud clangor | Excites us | to arms , |
With shrill notes | of angor | and mortal | alarms. |

L'usage adopté de séparer les deux hémistiches ,
est très louable , parce qu'il donne le droit d'y supprimer , à l'un d'eux , de tems à autre , la dernière
syllabe ; seul moyen , peut-être , de varier un peu ce
vers sans le dénaturer. C'est pourquoi cette licence
devrait subsister quand même la séparation des hémistiches n'aurait pas lieu ; mais le vers alors , ne
satisferait pas également l'esprit des personnes qui ,
n'étant pas sûres de leur oreille , ont besoin de leurs
doigts pour en compter les syllabes.

Les phrases de chant, qui peuvent servir de modèle à cette espèce de chant , sont très fréquentes
dans notre Musique , je pourrais en citer un grand
nombre : j'indiquerai entre autres le Duo très connu,

de *la Pastorella nobile*, dans lequel son auteur,
Pietro Guglielmi, a conservé l'exactitude du rythme
depuis le commencement jusqu'à la fin. Chaque
phrase musicale est composée de quatre mesures, et
chaque phrase contient deux de ces vers monomètres; nouvelle preuve que la structure du vers réel
est de quatre pieds. Voici un fragment du Duo.

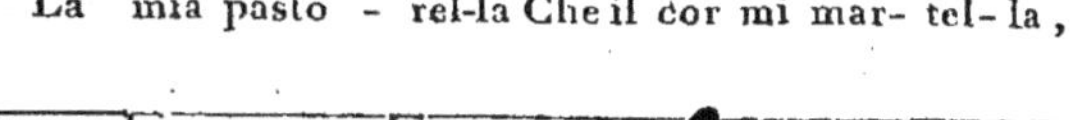

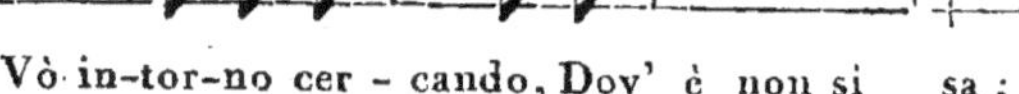

N 4

Il n'existe point de vers de cinq pieds de cette espèce. J'ai fait la même remarque par rapport aux vers Dactyliques : la raison en est facile à saisir. Notre système n'admet point de pieds hétérogènes dans un même vers ; les rythmes Dactylique et Amphibrachique finissent sur des brèves : parconséquent, ils n'ont aucun repos ni aucune variété dans leur structure, d'où il suit qu'une succession continue de cinq pieds uniformes , est trop longue , et qu'une suite de pareils vers serait fatiguante. Quoi-qu'il en soit , en voici un exemple : il prouvera ce que j'ai avancé , ou servira peut-être de modèle à quelque Poëte de génie.

Ritorna, | mio bene a | veder la | diletta | tua Sposa, |
Che sola in | angustie | sospira , | che trema | per te. |
Di placi | da calma | rivesta. | si l'onda | pietosa , |
E salvo | mi renda , | cui serbo | costante | la fe. |

CHAPITRE XVIII.

Des Vers Anapestiques.

Examinons enfin la dernière classe , celle qui appartient au rythme Anapestique. Les vers des deux hymnes Grecs , rapportés en exemple, sont de trois pieds , comme celui que les Latins ont nommé *Aristophane*.

Ces vers sont fréquens dans la Langue Italienne , et principalement chez les Poëtes Dramatiques : et c'est avec raison , car ils sont très adaptés au chant.

Souvent ils surabondent d'une syllabe brève à la fin, quelquefois de deux, comme les vers suivans d'Ascanio Gustiniani.

Sotto ve | lo coper | to di te | nebre
Il suo vol | to sdegno | so, e terri | bile,
E l'umor | tenebro | so onde for | mansi
L'atre nu | bi, che ingom | brano l'a | ria
Tenda oscu | ra d'intor | no face | angli.

Les Poëtes Latins, comme j'ai dit ailleurs, ont coutume de mettre une syllabe longue *Catalectique*, ou superflue, au commencement des vers anapesti- ques, c'est-à-dire, avant que la mesure propre commence à se compter. Le même usage est très fréquent encore dans les morceaux de notre Musique actuelle. Souvent une note accentuée précède la phrase du chant, et cette note est écrite, ou simplement comme les autres, ou accompagnée du signe convenu ⌢, et qui la fait distinguer de celles qui composent la phrase. De sorte qu'en faisant précéder d'une note arbitraire, les phrases de chant rapportées ci-dessus, (ce qui peut se faire), nous aurons le modèle exact des vers Latins dont il est question, comme dans ce vers d'Horace :

Les Endécasyllabes des Poésies modernes, sont tout-à-fait semblables, lorsqu'un accent principal se fait sentir sur la septième syllabe.

Io | t'ò agguaglia | to alla Fa | ta Morga | na.
Io | t'assomi | glio alla stel | la Dia | na.   (1)

_____

(1) Cette espèce de vers (en italien nommés Marinaresques) vous démontre la vérité de ce que je disais tantôt, que l'Iambique de cinq pieds ne doit jamais avoir l'accent sur la septième syllabe, parcequ'alors il change de nature, et devient anapestique. Or, comme il n'est pas permis de mêler ensemble les deux mesures à deux et à trois tems, parceque c'est mêler les systèmes,

Où | l'opulent | signalait | sa puissan | ce,
Plus | par ses dons | que par ses | revenus |
Sié | des heureux | qu'êtes-vous | devenus ? |

Das | Raubgesind | das lieder | liche Volk. |

Le vers Anapestique de quatre pieds , dans les Poésies modernes , est l'Alexandrin de la Langue Française , mal à propos supposé de six pieds. Les exemples sont pris de Racine.

---

et que le mélange des systèmes , en produisant la confusion , les détruit tous ; comme , par la même raison , il n'est pas permis d'admettre dans les mêmes vers un nombre inégal de pieds , il s'en suit que ce mélange de vers anapestiques de trois pieds , avec les iambiques de cinq , est impraticable par la force même des choses. L'exemple de quelques Poëtes célèbres , tels que Dante

Lu | ce risplen | dere a miei | blandimen | ti.

et Arioste :

Ma | se fortu | na le spal | le vi vol | ta.

ne l'autorise point , et le Tasse , Pope et beaucoup d'autres grands Poëtes l'ont toujours soigneusement évité. Aussi l'on convient que ses vers sont durs , et qu'il faut les employer très-rarement , et seulement par licence. La construction de ce vers n'est point dure ; a dureté en pareil cas dérive du passage inattendu d'un rythme à l'autre , d'où résulte la contre-mesure ; et une licence qui change la forme des vers , est une faute. Cette observation est gé-nérale , et s'étend sur toute espèce de vers ; *nam inæqualis pla-us , quomodo sensum non offendat , ignoro.*

Que ne peut | la frayeur | sur l'esprit | des mortels. |

Le vers Alexandrin, étant composé de quatre pieds,
doit, de rigueur, se diviser en deux hémistiches
égaux, dont le premier surabonde d'une syllade à la
fin, lorsque la rime est comme on dit, féminime,
c'est-à-dire, lorsque le dernier mot a l'accent sur la
pénultième syllabe.

J'admirais | si Mathan, | dépouillant | l'artifi | ce,
Avait pu | de son cœur | surmonter | l'injusti | ce,

Mais si les deux hémistiches sont séparés, comme
il arrive quelquefois dans les différens vers de quatre
pieds, alors ils peuvent surabonder tous les deux.

On egor | ge à la fois | les enfans | les vieillards, |
       Et la sœur | et le frè | re,
       Et la fille | et la mè | re.

Puisque toutes les espèces de vers reçoivent quelques modifications, on ne pourrait, sans partialité,
les refuser à l'Alexandrin. Mais je dois répéter qu'en
général les vers, dont le Rythme appartient à la mesure à trois tems, ne sont guere susceptibles de modifications, tant par rapport au système moderne,
qu'au génie de la mesure à laquelle ils appartiennent.
Toute la liberté, qu'on peut raisonnablement accorder à ce vers, consistera donc dans la transposition
du premier accent des hémistiches, sur une syllabe,
avant ou après sa position naturelle, c'est-à-dire

qu'au lieu d'être sur la troisième, il pourra avoir lieu sur la seconde ou sur la quatrième. L'Alexandrin, étant de quatre pieds Anapestiques, comme les exemples le font voir, et non de six pieds, puisqu'il est démontré qu'il n'en existe aucun, ne peut contenir dans sa forme exacte et naturelle, que quatre accens positifs, car on sait que ceux dont la percussion est affaiblie ne se comptent pas. Un plus grand nombre d'accens ne peut pas lui convenir, parce qu'alors il changerait de forme, et serait un autre vers, ou ne serait point un vers, malgré le nombre de douze syllabes dont il se compose : car nous avons pu voir que la construction d'un tel vers ne consiste pas seulement dans un tel nombre de syllabes, mais encore dans la manière dont elles sont distribuées. Ce n'est donc pas sans quelque fondement, que des Auteurs, parmi lesquels on compte Sacchi (1) et Zanotti (2), ont cru devoir

---

(1) Ora la Teoria, se nel vero è fondata, non dee poter ammettere, che i versi veri, et dee da quelli separare tutti i versi di opinione.... Quali son quelli adunque, che ne rimangono esclusi? Escluso rimane il verso da noi detto Martelliano, e da' Francesi Alessandrino. Questo modo di verseggiare, ossia piuttosto di scrivere insieme due versi, e da vicino legarli colla rima molto stucchevolmente, fu antica invenzione Italiana di Ciullo da Camo, e fu da tutti rifiutata, come cosa sazievolissima. Or come avviene, che questo verso, il quale essendo Italiano tanto ci spiacque, ora, che è divenuto Francese, ad alcuni piac-

exclure de la classe des vers *légitimes* l'Alexandrin ,
sans doute parce que les fautes que j'indique y sont
fréquentes. En effet , le vers de la langue Italienne,
dit Martellien, qu'on suppose semblable à l'Alexandrin , n'est pas un vers : il est tout simplement l'as-
semblage de deux *eptasyllabes* écrits sur la même
ligne. Je suis forcé d'affirmer la même chose de
ceux de la langue Allemande , faits à la même imitation ; et en général , de tous ceux qu'on nomme
ou qu'on suppose Alexandrins , lorsqu'ils contiennent un plus grand nombre d'accens que le vers n'en
comporte. La comparaison des exemples suivans
suffira pour convaincre de ce que j'avance.

---

sia cotanto ? E perchè doler ci dovrà , che ad alcune delle classi
legitime ridurre non si possa ?.... io certo non potrei in alcun
modo nè approvare come buono , e nobile , nè ammettere come
vero , e legitimo questo verso , senza discordare da me medesimo,
che è quanto a dire, senza incorrere in tale errore, che i Francesi
medesimi, in cui grazia si farebbe, con tutta la loro naturale genti-
lezza non vorebbero , nè volendo potrebbono diffendere Giove-
nale .*P. Sacchi della Divis. del tempo nella Poes. pag.* 158.

(2) Quella maniera di versi , che ci è venuta ultimamente
di Francia io la lascerei a' Francesi , giachè loro tanto piace : in
Italia bisogna ben dire , che poco piaccia , vedendosi , che
quei che recitano tali versi , si sforzano , quanto possono , di
nascondernc il suono , e le rime.

F. M. Zanotti dell' Arte Poet. pag. 117.

Le

Je te lais | se trop voir | mes hontéu | ses douleurs , |
Et mes yeux | malgré moi | se remplis | sent de pleurs. |

Gli uomi | ni nò, | ma so | lo la sa | pien | za eter | na.

Sia in pa | ce , o sia | si in guer | ra noi po | pol suo | gover | na.

Die Bit | te, ar | mer Mann, | kann ich | dir nicht | gewäh | ren :

Man kommt | zum Kö | nig nich't, | er müst, | es erst | begeh | ren.

J'en ai trouvé quelques-uns d'exacts en langue Anglaise. Tels sont les deux suivans.

From the knaves | and the fools , | and the fops | of the time |
From the drud | ges in prose, | and the tri | fles in rime. |

Le vers Anapestique de quatre pieds , tant dans les Poésies anciennes que modernes , est celui qu'on nomme Pentamètre , lequel surabonde d'une syllabe longue , au commencement de ses deux hémistiches , qui le divisent en deux moitiés.

La | bitur ex | oculis | nunc | quoque gut | ta meis. |

Le Pentamètre , comme l'Alexandrin, (qui est le même vers, à quelques modifications près) n'admet point de pieds composés entre le second et le troisième ; c'est-à-dire , que son second pied doit s'achever sur la fin d'un mot et faire césure ; autrement il manquerait de la troisième qualité , c'est-à-

dire, qu'il ne serait pas harmonique, et ne paraîtrait pas un vers, malgré l'exactitude de la quantité.
Cela peut se voir par les deux suivans.

Sunt | pueri im | patien | tes | tolera | re moras. |

Im | ponent | super al | ta | re tuum | vitulos. |

Cet effet a lieu, parce que l'oreille ne peut pas
distinguer sur le champ, si les syllabes du mot, qui
se prolongent après la césure, sont surabondantes au
premier hémistiche, comme elles le sont très souvent dans les vers de quatre pieds, ou si elles font
partie de la mesure du dernier.

Le dernier hémistiche du Pentamètre, étant séparé du premier, comme il est permis de le faire
dans tous ceux de quatre pieds, forme le vers monomètre des Anciens, nommé *Archiloque*.

Ar | boribus | que comœ. |

Flu | mina prœ | tereunt. |

Enfin le vers héroïque, communément nommé
Hexamètre, est composé de cinq pieds Anapestiques : j'ai déja fait voir qu'il surabonde d'une syllabe

longue au commencement , et d'une non accentuée à la fin.

Les anciens Poëtes n'ont jamais fait usage du Pentamètre seul, ordinairement ils l'unissaient à l'Hexamètre. Ainsi Properce :

> Quum tibi Romano dominas in honore secures ,
> Et liceat medio ponere jura foro.

Le même usage a été suivi par les Poëtes modernes; comme on le voit par ces vers de Giuseppe Astori.

> O veramente cieco chi sì basso il guardo rivolge ;
> Stolto chi per questi perde cotanto bene.
> L'uom misero il perde. Gite pur a sì trista novella
> Lagrime versando stanche pupille mie.
> Piangendo ei nasce , piangendo in polvere torna ;
> Nè frattanto mai cerca l'eterno riso ;
> Quei beni sol cerca che la barbara morte gli toglie ,
> Questi vili molto , nulla que' sommi cura.
> Per l'oro non dubita correr sin all' Indo , per esso
> In mano dei venti pone la stessa vita.

O 3

Con vile barchetta sprezzar le sonanti procelle ,
    E'l fiero combatter d'Africo con Berea.
Soffrir lo scoppio dei fulmini rimbombanti ,
    Il fischio oribile della rifranta spuma.
Ahi misero ! intanto vola ratto il tempo , nè torna ;
    Ratto come freccia , cui valid' arco tira.

Et par ces autres en langue Espagnole.

Cómo el monte sigues a Diana , dixo Citéres ,
    Dictina hermosa , siendo la caza fea ?
No me la desprecies , Ciprida , responde Diana ,
    Tu tambien fuiste caza , la red lo diga.
No el fuerte Ayaces , no los Trojanos acusa ,
    Mis propios Griegos culpo , muriendo dice.

Comme par ceux de Goëthe.

Weichet , Sorgen , von mir. Doch ach ! den sterblichen Menschen
    Lâsset du Sorgé nicht los , eh ihn das Leben verlässt.
Soll est einmal dann seyn ; so kommt ihr , Sorgen der Liebe ,
    Treibt die Geschwister hinaus , nehmt und behauptet mein Herz.

Les exemples cités suffiront , sans doute, pour donner une idée juste de la sensation que la cadence de cette espèce de vers mélangés produit à l'oreille ; il me reste à citer un exemple de purs Hexamètres , autant à cause de leur rareté que par rapport au but que je me propose. En voici un, extrait d'un poëme Épique sur le Déluge de Noé , de D. Giuseppe Rota.

Recordatus autem Deus Noë.... adduxit spiritum
    super terram , et imminutæ sunt aquæ.
                Gen. cap. VIII.

Mentre cosi a i figlj l'universal Padre favella
Delle non anco nate stirpi , et il vel fosco de' tempi
Toltone , gli alti fati lor scopre , e per ordine mostra ;.
D'esso de l'altre vite , ch' entro al grave legno traporta
Il mar fluttivago , cura pia l'Altissimo mosse :
L'Angelo , ch' ai venti sovrasta , e i turbini tempra ,
Da' stellanti troni chiamò a se , e lui , vattene , disse ,
E al benedetto seme resa sia , suo albergo , la terra.
Non da le folte nubi sì presto il folgore giunge
Da un polo del Mondo all' altro , e distende la vampa ;
Quanto da sommi giri rapido a quest' infima parte
L'almo Gerarca vola : si spicca , e a un punto medesmo
Tutto di raggi d'oro sparso , ver l'Artico scende.
Ei la frotta quivi col suon di tromba celeste
Convoca dei venti dominanti , e un vortice fatto
Nei girevol gorghi , per l'alta ingorda Cariddi
L'Angelo possente gl'inabissa , e in ceppi ridotti
Entro alpestri cave l'urnid' Austro , e l'Euro fremente
Congregator di nubi , scioglie , e discarcera quindi
A sgombrar le cose l'Aquilon sitibondo di flutti :
Questo de' convessi spazj solo arbitro resta :
Qual se in parte , dove sotto gaan volte si serra
Molto di salnitro , e zolfo , cade bellica bomba
ignivoma , a un tratto tutta entro la polvera negra
Arde , e tonando fuori sbocca rubiconde la fiamma :
Sparsi volan tetti per l'Etra , et infranti macigni ;
Con violenza pari da la bassa aperta caverna.
Sormontando l'aque (1) Borea esce , e il naufrago mondo

---

(1) *Aque* au lieu d'*acque ;* licence prise du latin pour faire brève
a première syllabe.   O 3

Empie di rimbombo : già spinge , et dissipa l'atre
Nebbie : già pei tratti del Ciel si spezzan i nembi ;
E il Sole da i campi azurri con limpida faccia.
Specchiasi nel fluido : tosto indi il vento ministro ,
Cui forza insolita Dio aggiunge , e l'impeto cresce ,
Sul pelago immenso piomba , e gli altissimi flutti
Sollevane , e a mille migliaja a i termini d'Austro
Voltola monti d'aqua : suona tutta e tumultua l'ampla ,
Congregazion de' mari : spinta e respinta ribalza
Colle profonde piene , e và , e torna reciproca l'onda ,
E'l gonfio Oceano d'ira bolle , e gli astri minaccia :
Mugge sopra il Borea veemente , e'l salso elemento
Disseccando rade , ed assorbe : ormai nove volte
Avea la Luna riprodotto il fulgido corno
Dacch' era sotto l'aque il Mondo , allorquando de' monti
L'alte cime apparver : videgli , e con fronte giocouda
Il patriarca pio dall' ondeggiante naviglio
Colla mano a i figlj mostrolli , a le femmine caste :
Batte le man tosto la famiglia , e colmi di gioja
Ecco la terra gridan , tutti gridan , ecco la terra ,
Vanno al Ciel le voci , e gl' inni , suona l'arca di plausi.

Les vers Hexamètres étant généralement reçus et
fréquens dans la langue Allemande, je crois utile
d'en rapporter des exemples.

Voilà le systême général et complet de la versification : systême qui ne dépend ni des goûts particu-
liers , ni des différentes opinions des hommes , mais
des lois immuables de la nature. Hors de ces lois que
j'ai cherché à développer de mon mieux en joignant

aux démonstrations de la théorie les exemples de la pratique ; hors de ces lois, dis-je, l'harmonie ne peut plus prétendre à produire les effets sublimes et presque surnaturels, pour lesquels elle nous a été donnée, selon l'aveu de Platon (1) et celui d'autres philosophes. Loin de nous d'abuser d'un si beau don du Ciel, en le faisant servir à exciter des passions viles et coupables : mais que les Poëtes et les musiciens reconnaissent la dignité de leur Art, et qu'ils n'en fassent usage que pour élever nos ames à des affections pures et généreuses, et pour soulager nos cœurs des souffrances inséparables de la triste condition des humains.

------

(1) Atqui et harmonia quæ motiones habet animæ nostræ discursionibus congruas atque cognatas, homini prudenter musis utenti non ad voluptatem rationis expertem, ut nunc videtur, est utilis : sed a musis ideo data est ut per eam dissonantem circuitum animæ componamus, et ad concentum sibi congruum redigamus. *Plato in Timæo ex v. T. pag.* 716.

O 4

CHAPITRE XIX.

De quelques Questions résolues.

Les personnes attachées aux anciens systêmes accordent généralement aux vers modernes une ressemblance qui approche de celle des vers anciens, mais elles leur refusent les propriétés que je leur ai accordées. Elles citent à l'appui ce vers de Catulle,

Quoi dono lepidum novum libellum ;

puis le traduisant littéralement en langue Italienne

Cui dono il lepido nuavo libretto ,

elles croyent y trouver une certaine petite différence qu'on ne saurait définir. Il serait bien plus étonnant qu'elles n'y en trouvassent aucune. Les matériaux changent, comment l'harmonie pourrait-elle rester la même ? La différence provient du changement des sons, et non pas de la différence qu'il y a dans la mesure du vers. Qu'on fasse exécuter le même morceau de Musique sur divers instrumens, l'un après l'autre ; l'effet ne sera pas le même s'il est exécuté sur un violon, ou sur un hautbois, sur une flûte ou sur une basse : s'en suit-il de là que ce n'est pas le même Air? L'exemple proposé ne peut prouver autre chose, sinon que tous les Airs ne sont pas adaptés à toute sorte d'instrumens, et que tout instrument n'est pas également propre à exécuter toute sorte d'Airs : comme aussi, que tous les vers ne s'adaptent pas bien à toutes les langues, et que toutes les langues ne sont pas également propres à toute sorte de vers; mais il ne s'en suit pas que le vers soit différent, puisque la structure est la même.

L'Hexamètre a été le vers le plus usité, et le plus en faveur dans les langues anciennes ; dans les modernes, au contraire, il est très rare, et n'y produit pas un effet bien merveilleux. J'en conviens volontiers avec ses adversaires, mais je n'adopte pas les conséquences qu'ils en tirent. Et pour commencer par la langue Italienne, l'Hexamètre et le Pentamètre sont les deux seuls vers qui se construisent dans cette langue d'après l'ancien systême ; c'est-à-dire, qu'on y calcule la quantité supposée des syllabes, sans égard à leur nombre et aux percussions de l'accent. Mais il est prouvé que l'accent est la base naturelle de l'harmonie auditive ; que lui seul a la vertu de rendre cette harmonie sensible à l'oreille : il est prouvé que la quantité déterminée des syllabes, est un moyen de pure convention, pour distinguer les tems dans la Musique; moyen abandonné, et remplacé avec usure par les diverses figures des notes musicales : il est prouvé , enfin , que cette même quantité ne peut s'exprimer dans le discours ordinaire , et qu'elle n'a de valeur que dans le chant , par la seule raison qu'elle s'arroge l'accent musical qui la rend sensible. Il se confirme donc que la cadence particulière de ce vers , ne peut se manifester parfaitement que dans la phrase du chant qui lui est propre ; et sous ce rapport , l'Hexamètre Italien, Grec, Latin ou de toute autre langue , présente la même quantité, produit la même harmonie , sans la moindre différence. Mais , quoique les vers des poésies modernes soient également calculés sur le chant , comme je l'ai fait voir dans les exemples que j'ai cités , néanmoins , grace à notre système , ils peuvent , et doivent faire sentir l'harmonie qui leur est propre , même à la simple lecture. Or les Italiens ayant suivi l'ancien système dans la construction de l'Hexamètre et du Pentamètre , sont tombés sans y songer dans deux inconvéniens.

Le premier, d'introduire dans le vers des pieds hétérogènes , c'est-à-dire , des pieds composés de deux syllabes , tandis que le rythme en exige de trois. J'avouerai pourtant que , si l'on n'admettait pas cette licence , il faudrait renoncer à la construction des Hexamètres , dans toutes les langues , parce que l'oreille ne supporterait pas une longue suite de vers de cinq Anapestes , par la même raison qu'elle ne goûte pas les vers de cinq pieds dactyliques et amphibrachiques que nous avons remarqué n'être pas en usage. Mais si cette liberté est accordée au vers Hexamètre il semble qu'on ne saurait la refuser à tous ceux qui appartiennent au rythme ternaire : elle y serait permise en effet, si l'usage ne s'y opposait pas : mais l'usage s'y oppose , parce que cette liberté confondrait, ou détruirait le systême reçu , en reproduisant celui de la quantité.

L'autre inconvénient beaucoup plus grave, est celui de faire brève toute syllabe qui n'est pas suivie de deux consonnes, et déroger ainsi à la regle de l'accent contre l'usage reçu et le vœu de la nature; d'où il résulte une contradiction frappante : car si je prononce une de ces syllabes d'après la Prosodie du discours ordinaire, j'altère le rythme du vers parce que je prononce comme *longue* une syllabe qui devrait être *brève ;* et si je la prononce brève, je romps l'harmonie convenue , parce que je ne fais pas l'accent où il dôit être; je change le mot , et je m'écarte de la prononciation reçue de la langue.

Honneur aux Poëtes Allemands qui ont su réduire à sa juste valeur , la doctrine des Grammairiens , et qui, n'écoutant pas les anciens préjugés , ont adopté l'accent pour guide et régulateur universel , tant de la mesure, que de l'harmonie qui en dépend, même

dans la construction des vers Hexamètres et Pentamètres. Aussi je dois croire que leurs vers héroïques
sont goûtés , puisqu'ils sont fréquens dans leur
langue.

On dira (et l'expérience le prouve) que la langue Italienne ne peut pas se prêter, sans déroger à la
regle de l'accent, à la construction des Hexamètres
et Pentamètres : cela confirme ce que je disais tantôt , que toute langue n'est pas également propre à
toute espèce de vers. Mais , sous le même rapport ,
la langue Latine n'est pas plus propre à l'Hexamètre
que ne le sont l'Italienne et l'Espagnole ; puisque , par les raisons déja exposées ailleurs , dans
l'une comme dans l'autre de ces langues , l'Hexamètre ne peut être construit sans déroger à la regle
de l'accent, et sans tomber dans les deux inconvéniens dont je viens de parler. Ces inconvéniens cho-
quent moins dans la langue Latine que dans les langues modernes , et la raison en est sensible : dès la
première jeunesse , nous entendons la lecture des
Hexamètres Latins, avec la prévention qu'inspire
l'antiquité la plus reculée , avec le respect dû à l'autorité des Poëtes les plus célèbres, et sur-tout imbus
de préjugés invétérés , tant sur la prononciation des
langues anciennes , que sur les regles métriques ,
constamment observées ; il suit de là , que notre
oreille s'accoutume à l'harmonie des Hexamètres La-

tins, quelle qu'elle soit, et supporte facilement ses imperfections, parce que l'esprit les approuve, et que la prévention nous les fait admirer. Mais rien de semblable ne peut nous faire supposer que l'harmonie d'une langue familière, et qu'on parle tous les jours, soit diverse de celle qu'on entend ; par-conséquent, notre oreille habituée dans tous les autres genres de poésie, à la seule harmonie naturelle qui résulte de la position des accens, est peu sensible à celle que produit un système inconnu, et se trouve choquée des imperfections qu'il entraîne à notre égard.

Desportes et d'autres Poëtes firent l'essai du vers Hexamètre en France, mais sans succès ; et cela devait être. Parmi plus d'un millier de ces prétendus vers, je n'en trouve pas un seul à choisir pour modèle ; car ils sont tous faux. Cela ne vient pas, au surplus du défaut de la langue Française, qui, à la bien considérer, paraît, au contraire, se prêter facilement à la construction des Hexamètres, puisque l'accent se faisant toujours sentir sur la dernière syllabe des mots, (à moins qu'elle ne soit un *e* muet), le rythme Anapestique lui est naturel. Parconséquent, les vers de cette espèce seraient les plus aisés à construire dans cette langue, et, quant à la mesure, devraient y produire un meilleur effet que dans les autres ; comme on peut le remarquer par les observations que j'ai déja faites en parlant du vers Alexandrin. Mais les Auteurs en question n'ayant eu aucun égard pour la position de l'accent, et s'étant attachés à des quantités chimériques mal, observées, il en résulte que leurs prétendus vers Hexamètres n'ont aucune cadence, aucune harmonie de vers. Pour mettre le Lecteur à portée d'en juger lui même, voici le commencement de la traduction du quatrième livre de l'Enéïde.

Déja Didon, la superbe Didon, brûle en secret. Son cœur
Nourrit le poison lent qui la consume et court de veine en veine.
L'indomptable valeur, l'origine illustre, la beauté,
L'Air, le regard, la démarche, la voix du Héros qui l'a charmée
Sont empreints au fond de son ame en traits de feu. Ses yeux
Sont envain pressés du sommeil, le sommeil fuit sa paupière.

Que ceux qui voudraient faire le même essai prennent l'accent pour base de la mesure, et alors les vers seront harmonieux, et la cadence qui leur est propre se fera sentir à toute oreille exercée. Je dis exercée, parceque pour saisir les nuances d'harmonie d'une telle espèce de Musique ou de vers, il faut encore que l'oreille soit un peu familiarisée avec elles; car dans toutes les langues, l'habitude qu'on a des vers qui y sont en usage, les fait toujours préférer à ceux d'un nouveau genre qu'on voudrait y introduire.

Mais que les Grammairiens cessent enfin leurs déclamations , ou qu'ils apprennent à mieux connaître l'Art dont ils parlent. Qu'ils se persuadent bien qu'il n'y a que deux manières de combiner un vers *légitime*, qui sont : de le calculer sur la quantité de la mesure musicale à la quelle on veut qu'il s'adapte , ou de lui faire suivre les percussions régulières des mouvemens dont elle se compose. J'ai assez parlé de l'une et de l'autre, et les divers exemples que j'ai cités , doivent en faire sentir la différence. Si le vers se construit sur la régularité des mouvemens de la mesure , qui est le système des poésies modernes , tout doit être en correspondance exacte dans les paroles, comme dans les notes : même mesure, même nombre de percussions, même ordre de mouvemens. C'est pourquoi, dans nos vers , le nombre des syllabes est fixé, et il n'est pas permis d'en retrancher , ou d'en ajouter , parce que le système serait détruit; excepté dans certains endroits arbitraires que j'ai fait connaître. Si le vers se construit d'après la quantité , comme dans les poésies anciennes , cela ne peut avoir lieu que dans la supposition d'un échange de mesure; c'est-à-dire que , si le pied propre du vers est du nombre pair, la mesure de la Musique devra être triple , et, si le pied est triple , la mesure devra être du nombre pair. Nul doute que, d'après ce système , l'Hexamètre ne soit

le plus parfait des vers , parce qu'outre ses qualités ,
il s'arroge celles qui sont propres à la mesure du
nombre pair , que j'ai dit être préférable à la mesure du nombre impair , et gagner à la transposition;
Mais qui ne voit pas que cela suppose le vers accom-
pagné de chant? Supprimons le chant, et nous trouverons que non seulement l'Hexamètre Grec et
Latin , mais , en général, tous les vers construits
d'après le système de la quantité , qu'ils soient anciens ou modernes, semblent imparfaits à la lecture,
par la raison qu'ils ne sont pas faits simplement pour
être lus , mais pour être chantés dans une mesure
différente de celle qu'ils présentent. Les Grammairiens l'ont bien senti eux-mêmes ; et ils sont forcés
par le fait, d'en convenir. Tant il est vrai que, faute
de notions musicales , ne sachant à quoi en attribuer
la cause , ils ont employé les ressources de leur
imagination , pour les justifier. Cherche-t-on à excu-
ser une imperfection quand on est persuadé qu'elle
n'existe pas ? Concluons en donc que l'harmonie
propre au vers héroïque, n'est ni perdue ni changée;
qu'elle est la même qu'autrefois, sans aucune distinction de langues ; mais , qu'à la lecture , elle a été
et sera toujours imparfaite sous certain rapport ,
ainsi que celle de tous les autres vers construits dans
le même système. Qu'on ne s'imagine pourtant pas
que je veuille , pour cela, condamner les anciennes
poésies,

poésies, ou détourner les Poëtes de les imiter dans les langues modernes. Tout ce que j'ai dit jusqu'ici prouve le contraire ; puisque , moyennant l'échange de mesure dont j'ai parlé , elles sont aussi parfaites qu'elles peuvent l'être ; mais il fallait mettre le principe en évidence , afin de persuader jusqu'à quel point il a été méconnu.

CHAPITRE XX.

De la Rime.

La rime est une imitation d'une portion de la phrase poétique, ou du vers, et elle consiste dans la désinence semblable de différens mots. Les imitations en Musique, se font de plusieurs manières, qui, toutes, peuvent se réduire à deux classes principales ; imitation parfaite, et imitation imparfaite. Pour en donner une idée générale, l'imitation imparfaite est celle qui reproduit simplement le même rythme : l'imitation parfaite est celle qui, outre le rythme, reproduit les sons sous le rapport de la même qualité, quantité et inflexion ou articulation. Le vers est lui même une imitation musicale de la classe imparfaite ; parce que chacun de ceux dont se compose un morceau de poésie, étant de même nature, imite successivement le rythme du vers qui le précède, ce qui flatte l'oreille ; comme un mélange mal conçu, de vers composés de différens pieds, la blesse et la fatigue.

Pour que la Rime soit exacte, la désinence des mots doit être semblable, comme l'imitation parfaite de la Musique, sous les rapports de la quanlité , de la qualité et de l'articulation des sons. Ainsi *pianto* rime avec *canto* , *amano* avec *bramano*. Mais *onta* ne rime point avec *bontà* , ni *perdere* , avec *vedere*, parce que la quantité n'est pas la même , ni *tinto* avec *tanto* , parce que la ressemblance du son n'y est pas : ni *seno* avec *senno* ; *sano* avec *sanno* ; parce que l'articulation est différente. Ainsi , en français : *mère* rime avec *chère* , *fort* avec *sort* : mais *reparé* ne rime point avec *paré* faute de quantité, ni *parle* avec *perle*, faute de ressemblance du son, ni *ville* avec *stile*, *mettre* avec *mètre*, quoiqu'on les accouple comme s'ils rimaient. Ces rimes ne sont pas exactes , non pas, comme on dit, parce que la première syllabe est longue dans un mot, et brève dans l'autre, ce qui est faux , la quantité étant la même , puisque ces premières syllabes sont toutes accentuées , et parconséquent toutes longues ; mais parce que leur articulation est différente , la voyelle étant seule dans un mot, dans l'autre se trouvant unie à une consonne qui change l'inflexion , ce qui fait que la rime manque de la troisième condition indiquée. Il y aurait quelques autres remarques à faire, mais j'ai voulu seulement faire voir en quoi consiste la Rime. Elle se place ordinairement à la fin du vers , et quelquefois ailleurs encore , au gré du Poëte.

P 2

La rime a eu des approbateurs et des détracteurs. Ceux qui prétendent qu'on ne doit point faire usage de la Rime, comme étant une chose forcée, grossière, monotone, intolérable; et qui, à cause d'elle, condamnent la poésie moderne, citent, à l'appui de leur opinion, l'exemple des anciens Poëtes Grecs et Latins, qui ne l'employèrent jamais. On peut leur répondre que si les Grecs et les Latins ne se sont pas servi de la Rime, c'est que le génie de leur langue n'y était pas favorable ; ainsi que l'espèce des vers dont ils faisaient le plus d'usage. On sait que les plus fréquens chez eux étaient les *Senaires* et les *Hexamètres*, dans lesquels ils serait difficile de placer la rime, qui même n'y produirait pas un très bon effet. Mais puisque la Rime est accueillie par tant de Nations éclairées, mise en usage par tant de Poëtes de grand génie, et d'oreille très délicate, il me paraît que justice est faite de l'opinion de ceux qui voudraient la proscrire.

Dans le nombre de ceux qui approuvent la Rime, quelques uns s'imaginent qu'elle est essentielle à la nature du vers, c'est à dire, que nos vers ne sont vers, qu'autant qu'ils sont rimés. Il est prouvé que les vers modernes, construits d'après les regles que j'ai détaillées, ont des pieds poétiques aussi vrais et aussi bien mesurés qu'aucun des anciens, il est donc inutile d'ajouter un seul mot pour convaincre ceux qui persisteraient encore dans une opinion contraire. Il est également prouvé que le vers ne subsiste que par le retour fixe d'un certain nombre des mêmes mesures, ou par une succession égale du même rythme, et tout le monde sait que la rime provient de la ressemblance des sons. L'un est donc indépendant de l'autre, parce que chacun dérive d'un principe différent : cela est si vrai, que l'on pourrait aussi bien rimer la Prose si la fantaisie en prenait. Les vers qui n'ont pas le nombre de pieds nécessaires, sont-ils autre chose en effet que de la Prose rimée? Le vers, pour l'ordinaire, est achevé avant que la Rime se fasse entendre; ainsi, alors, ou il est vers, ou il ne l'est pas : s'il est vers, il subsiste sans la Rime, et, s'il ne l'est pas, la rime n'a aucune action sur lui, puisqu'il est déja passé. Le premier vers d'un morceau de poésie n'est pas rimé, en est-il moins un vers pour cela ? On en peut dire autant de chaque vers de ce morceau pris isolément, cependant ce sont des vers, et de véritables vers.

Les personnes qui ont le plus raisonnablement parlé de la Rime, disent que, loin de nuire au vers, elle y ajoute une nouvelle grace, un nouvel ornement ; mais qu'elle ne peut pas convenir à toute sorte de compositions. Généralement parlant, elle convient beaucoup à la poésie Lyrique ; mais la Comédie et la Tragédie, ainsi que le Poëme Épique, semblent la repousser : la Comédie, parce qu'elle aime la liberté, et veut, autant que possible, dissimuler l'artifice du compositeur. La Tragédie et le poëme héroïque, à cause de la majesté qui les caractérise, de la force et de l'énergie qui leur est propre ; qualités qui semblent exclure la mollesse et la douceur de la Rime. Il est certain que si la Rime a ses agrémens, elle a aussi ses inconvéniens. Elle flatte beaucoup l'oreille, mais, par cela même, la fatigue plus vîte. Elle est très harmonieuse, mais aux dépens de l'harmonie du vers, parce qu'elle attire trop l'attention à elle même, et la diminue d'autant, pour tout ce qui l'environne. Si on la place au milieu des phrases, ou elle manque son effet, ou elle empêche de bien saisir le sens : si on la place toujours à la fin, elle limite ces mêmes phrases, et leur ôte la variété qu'elles devraient avoir.

Cependant la Rime est utile aux vers, par la raison, comme il est dit, qu'elle lui donne de la grace et de la douceur : elle augmente la force du rythme, et favorise admirablement l'harmonie imitative, puisqu'elle même est une imitation. Elle est propre, sur-tout, à réveiller l'attention ; mais pour tout cela, il faut qu'elle soit distribuée avec discernement, et variée à propos : c'est pourquoi les maîtres de l'Art défendent de faire entendre la même désinence avant qu'un nombre suffisant de strophes, ou de vers, n'ait fait perdre à l'oreille le souvenir de la première. La Rime trop éloignée s'affaiblit, mais trop rapprochée, et toujours dans le même ordre, elle devient monotone, fatigue l'oreille, et perd sa grace, parce qu'elle est trop prévue. Alors on doit craindre ce qu'Aristote, en faisant la même observation pour le nombre oratoire, disait avoir lieu, de son tems, dans les proclamations des Affranchis; savoir que les petits garçons, attentifs à la même chûte, ne manquaient point, à chaque fois, de répéter le nom de *Cléon* avant l'Huissier. C'est ainsi qu'au Théâtre j'entends autour de moi, répéter la rime avant que l'Acteur n'ait achevé le vers. Mais la structure du vers étant, comme j'ai dit, indépendante de la Rime, j'abandonne aux Poëtes le soin de ne pas l'employer, ou de l'employer de la manière qu'ils jugeront la plus convenable à leurs compositions.

P 4

CHAPITRE XXI.

Observations.

Après avoir parlé des propriétés et de l'emploi des mesures, après avoir démontré toutes les espèces de vers que la raison admet, et que l'oreille approuve, il semble que la matière devrait être épuisée, et l'on croirait qu'il n'y a plus rien de remarquable à dire sur le sujet dont je viens de traiter. Cependant, si, dans la crainte de fatiguer l'attention du Lecteur, je ne me fusse prescrit de me renfermer dans les bornes les moins étendues, j'ajouterais bien des observations utiles, à celles que j'ai déja faites.

L'expérience nous apprend que certains vers conviennent mieux à un genre de composition qu'à un autre. Horace, dans sa poétique, assigne l'hexamètre à l'Épopée, d'après l'exemple d'Homère, que les Grecs et les Latins ont suivi. Les Poëtes modernes, en général, lui ont substitué l'*Endécasyllabe ;* et cette nouveauté a fait des mécontens qui prétendent que notre Épopée est inférieure à l'ancienne, par cela même qu'elle employe des vers d'une qualité différente ; mais , d'après ce que j'ai déja dit , il ne me sera pas difficile de prouver que cette assertion , comme tant d'autres du même genre , n'est fondée sur aucune base solide.

Trois choses différentes sont à considérer dans le vers : l'*étendue* , la *divisibilité* et la *nature du Rythme* auquel il appartient. La douceur , la force ou la gravité qu'il renferme , résultent de ces trois conditions. L'Hexamètre chez les Latins, convenait à l'Épopée, parce que c'est celui de leurs vers qui a le plus d'étendue , et qui , par cette raison , était le plus propre aux sujets héroïques et sublimes; mais notre Endécasyllabe ne lui cède point à cet égard , et il n'y a que la méthode de mesurer le vers par le nombre des syllabes et non par le nombre de pieds dont il se compose , (faux calcul introduit parmi nous, probablement, pour éviter une difficulté apparente) qui ait pu faire croire qu'il fut moins étendu que l'hexamètre , puisque j'ai prouvé que la mesure de cinq pieds leur était commune.

Ces deux vers , je le répète donc , sont égaux en mesure; ils ne diffèrent pas non plus par la divisibilité. Nous avons vu , avec les Grammairiens , que l'Hexamètre se divise constamment après le second , ou après le troisième pied : l'Endécasyllabe se divise de la même manière. Dans les cinq premiers vers de la *Stance* suivante du Tasse , la division se fait après

le second pied , et dans les trois derniers , elle se fait
après le troisième pied.

> Giace il cavallo al suo signore appresso ;
> Giace il compagno appò 'l compagno estinto ;
> Giace il nemico appò 'l nemico ; e spesso
> Sul morto il vivo , il vincitor sul vinto :
> Non v'è silenzio , e non v'è grido espresso ;
> Ma odi un non so chè roco indistinto ,
> Fremiti di furor , mormori d'ira ,
> Gemiti di chi langue , e di chi spira.

Il est aisé de remarquer l'effet que la différence
de cette division produit dans la cadence des vers ,
et combien elle sert à exprimer le sens des paroles.
A la vérité, toute l'expression de ce passage ne vient
pas de la seule division du vers, elle est due encore
à l'harmonie imitative des mots , combinés de manière que leurs sons même font image ; mais toutefois , ce changement de césure dans les vers , produit un tel effet qu'il rend plus touchante l'harmonie même des sons vocaux. Les Grammairiens ont
observé dans l'Hexamètre d'autres divisions ou césures, dont deux m'ont paru mériter d'être mention-
nées dans cet Ouvrage. La première a lieu dans le
vers après le premier pied :

> ingentem viribus hastam
> Contorsit.

J'observe que l'Endécasyllabe admet le même
repos :

> e si alto salire
> Il feci. —— Che tra caldi ingegni ferve
> Il suo nome.

et la seconde après le pénultième pied :

> His medium dictis sermonem abrumpit —— et auras
> Ægra fugit.

Ce repos se trouve également dans l'Endécasyllabe ; et l'on sent parfaitement son effet dans les suivans de Manfrédi.

> —— E quanti
> Da questa fera , che a gran torto regna
> Soffersi in vita tradimenti ? —— e quanti
> Dopo la morte , ch'io non narro ? —— è vero
> Che quel , ch'oggi si tratta , ogn' altro avanza.

Quant à la nature du Rythme auquel appartiennent l'Hexamètre et l'Endécasyllabe , la question est
déja résolue. L'Hexamètre est du Rythme Anapestique , et l'Endécasyllabe du rythme ïambique ; l'ïambique appartient à la mesure *binaire*, l'Anapestique
à la mesure *ternaire ;* et ces deux rythmes sont ,
chacun , le meilleur d'entre ceux qui appartiennent
à la mesure qui lui est propre. Il n'y a donc pas jusqu'ici de supériorité marquée d'un vers sur l'autre ,

puisque leur étendue et leur divisibilité sont les mêmes, et que tous les deux tiennent le premier rang parmi ceux de leur rythme. Quelle raison nous reste-t-il donc pour envier aux Anciens leur vers héroïque, et pourquoi voudrions-nous que l'Épopée du Tasse et de Milton fût, relativement au matériel de la versification, moins parfaite que celle d'Homère et de Virgile ? Les admirateurs de l'antiquité, avant d'émettre leur opinion à ce sujet, n'y avaient certainement pas bien réfléchi. Pour moi, quoique j'admire aussi l'antiquité, dans ce qu'elle offre d'admirable, je ne saurais être de leur avis sur le point dont il s'agit, et j'incline même à en avoir un opposé ; c'est-à-dire, à accorder à l'Endécasyllabe, une sorte de prééminence sur l'Héxamètre, à cause de son rythme. En effet, le rythme de l'Endéca-syllabe est de la mesure pair, tandis que celui de l'Hexamètre est de la mesure impair, et Pithagore, ainsi que les plus célèbres observateurs de l'Art, ont toujours considéré la mesure pair comme la plus parfaite, ou plutôt, comme la seule qui fût parfaite. Je dois donc être d'autant plus attaché à mon opinion, qu'indépendamment de ce qu'elle me paraît plus fondée en raison que celle que je combats, elle est encore appuyée d'autorités qu'assurément personne ne sera tenté de récuser.

J'ai démontré que les rythmes peuvent se trans-

porter d'une mesure à l'autre , et que le système de
la versification ancienne reposait sur cette licence ;
par l'effet de laquelle , l'hexamètre fut jadis adapté
à la mesure pair , et l'endécasyllabe à la mesure impair ; ce qui donnait à l'un , une perfection qu'il
enlevait à l'autre , et , par là , constituait le premier , le vers par excellence. Ceci milite encore
en faveur de l'endécasyllabe , qui , de sa nature , a
toutes les perfections ; mais néanmoins , pour con-
cilier , autant qu'il est possible , les différentes opinions , je conclurai que l'hexamètre est le vers le
plus parfait d'après le système de la versification
ancienne , et que l'endécasyllabe est le plus parfait d'après le système de la versification moderne ;
que les Poëtes anciens n'ont pas eu tort d'employer
l'hexamètre pour les matières héroïques , et que les
modernes ont raison , en pareil cas , de faire usage
de l'endécasyllabe ; que les premiers ont fait pour
le mieux, et que les autres ne sauraient mieux faire ;
et enfin , que la versification de l'Épopée ancienne ,
ainsi que celle de l'Épopée moderne , ont, chacune,
leur mérite particulier , et qu'il n'y a qu'un faux
enthousiasme qui puisse attribuer à l'une de la supériorité sur l'autre.

Quant à la question de savoir lequel des deux
systèmes dont j'ai parlé, vaut le mieux , je ne pré-
tends point la décider ; mais l'analyse que j'ai faite

de ces deux systêmes, mettra le lecteur à portée de la décider lui-même.

Les vers de cinq pieds, généralement parlant, sont, par leur étendue, les plus propres aux compositions graves, nobles et de longue haleine : mais il faut cependant en excepter ceux dont le rythme se complette sur des syllabes brèves, comme les Trochaïques, les Dactyliques et les Amphibrachiques de cinq pieds, qui, par leur marche continue et uniforme, ainsi que j'en ai fait la remarque en son lieu, manquent de divisibilité, et ne sont pas susceptibles de la variété ni de l'expression qu'exige un long ouvrage. Leur coupure les rend monotones et fatigans. Mais il n'en est pas de même de l'Hexamètre et de l'Endécasyllabe, qui, pouvant, par le nombre impair des pieds dont ils se composent comme par la nature de leur rythme, se diviser en plusieurs manières, conviennent non-seulement à l'Épopée, mais encore se prêtent et s'adaptent avec succès à divers genres de Poésie. Virgile s'est servi de l'Hexamètre pour chanter les guerres et les hauts faits des héros, les travaux des champs, et les Amours des Bergers; et Horace l'a également employé dans ses satyres et dans ses épîtres : ce qui prouve que ce vers n'appartient pas exclusivement au genre héroïque, comme les Grammairiens l'ont fort bien observé. Quelques personnes de beaucoup d'érudition, et même d'un goût sévère , en accordant la faculté de construire l'Hexamètre dans nos langues , prétendent qu'il ne peut être admis ni considéré comme celui des anciens , parce que , disent-elles, les langues modernes n'ont pas la gravité et l'énergie que ce vers exige : mais ce que je viens de dire me paraît militer d'une manière victorieuse contre cette opinion , qu'au reste je ne chercherai point à combattre directement , parce qu'elle est hors de la question. Mon but est simplement de définir et d'expliquer la structure mécanique de chaque espèce de vers , et non pas de parler du mérite ou de la supériorité que les langues anciennes ont ou peuvent avoir sur les langues modernes.

Ceux qui pensent que notre Endécasyllabe ne supporte en rigueur qu'une seule division ou césure, après le second pied , peuvent réfléchir sur ces observations, et alors , il leur sera facile de se convaincre qu'en n'admettant qu'une division lorsque le vers est susceptible d'en avoir plusieurs, ils se privent d'avantages qui sont entre leurs mains , ils appauvrissent le vers le plus riche et le meilleur , et le resserent dans un cercle étroit qui n'est pas celui dans lequel la nature l'a placé, mais celui que lui ont donné le préjugé et l'habitude.

Un auteur a dit :

Les vers sont enfans de la Lyre :
Il faut les chanter , non les lire.

Il avait raison. Il est certain, en effet, que la poésie appartient essentiellement au chant. « Le » chant, dit Platon, est à la poésie, ce que la variété des couleurs est à un tableau.» Ces mots portent sentence : un tableau sans couleurs ne saurait être achevé, ainsi la poésie ne saurait se passer du chant. La Musique même, lorsqu'elle est isolée de la poésie, et qu'elle est purement instrumentale, est loin d'être parfaite. Elle ne peut jamais alors faire la sorte d'impression, ni produire tous les effets qui lui sont propres, parce que les différentes sensations qu'elle fait éprouver sont trop vagues pour fixer notre attention sur une seule idée, pour intéresser notre cœur par un seul sentiment, pour diriger notre esprit vers un seul objet. Supposons, par exemple, qu'une douce harmonie se fasse entendre : pouvons-nous deviner ce qu'elle veut exprimer ? Si c'est le calme des élémens ou celui des passions ? Si ce sont des sentimens, de bienveillance ou de tendresse de reconnaissance ou d'amitié qu'elle cherche à peindre ? Non, nous ne pouvons pas l'expliquer, et, dans cette incertitude, quel est l'effet de la Musique ? celui de produire un vain bruit, qui, si l'on veut flatte l'oreille et les sens, mais ne saurait jamais attacher l'esprit, charmer la raison, ni émouvoir le cœur. Il n'en est pas de même lorsque la poésie l'accompagne : celle-ci indi-

quant

quant son motif, elle captive alors facilement notre attention, exerce ses droits sur notre sensibilité, et produit vraiment tout l'effet qu'on a droit d'en attendre.

Toutefois, quoique les vers en général soient faits pour le chant, l'Hexamètre et l'Endécasyllabe conviennent peu au genre lyrique. La poésie lyrique, proprement dit, ne se contente pas d'un chant pur et simple, comme celui dont les Grecs faisaient usage dans les *diverbes*, et que nous employons dans les *récitatifs* : elle exige encore une Musique accompagnée de mélodie, ou, pour m'exprimer mieux, un chant véritable; soutenu avec élégance, gracieux avec noblesse, varié avec expression. Or, un vers de cinq pieds est trop long pour que le compositeur puisse facilement lui adapter une phrase de Musique, qui ne mette point en défaut le chanteur, et qui lui laisse, au contraire, la faculté de faire valoir toutes les ressources de son Art. En accordant même que cela soit facile, et qu'il le soit aussi, au chanteur, de parcourir de sa voix une phrase de cinq mesures surabondantes, sans reprendre haleine, une phrase aussi longue, et répétée plusieurs fois successivement, pourra-t-elle jamais faire une impression agréable ? je ne le pense pas. L'Hexamètre et l'Endécasyllabe, ainsi que le chant qui

Q

leur appartient, ne conviennent donc essentiellement, comme je l'ai dit, qu'aux sujets graves et soutenus.

Ce n'est pas que la poésie lyrique les rejette absolument ; elle n'exclut aucune sorte de vers de son domaine ; et pourvu qu'ils se prêtent au chant qu'exige les sujets qui sont de son ressort, et que placés dans un certain ordre, ils se succèdent avec une certaine régularité, elle les admet tous ; mais, en général, elle préfère ceux au-dessous de cinq pieds, comme étant plus légers et plus chantans.

Chaque vers a une expression qui lui est propre, et dont les nuances varient selon les modifications qu'il reçoit. Mais les choses que l'on a à exprimer étant en bien plus grand nombre qu'il n'y a de sortes de vers, on conçoit qu'il serait impossible de bien exprimer ces choses, si l'art ne fournissait des ressources égales au besoin qu'on en a. Dans ce nombre, il faut compter le mélange des vers entr'eux. Si les vers de cinq pieds sont par leur étendue les plus graves, comme les moins avantageux pour le chant, les vers de trois pieds seront, par la raison contraire, les moins soutenus et les plus propres à être chantés : et c'est ainsi que la chose est en effet. Or, en mêlant ensemble le vers le plus chantant, avec celui qui l'est le moins, le plus grave avec le plus léger, on obtient une variété qu'on n'aurait pas sans cela, et on multiplie les moyens

pour donner aux idées l'expression qu'elles de-
mandent.

Le P. Sacchi est dans l'opinion que les vers ne
doivent pas se mêler entr'eux, si les uns sont composés de quatre pieds, et les autres de cinq ou de
trois : il donne pour raison, que les vers de quatre
pieds qui se divisent toujours en deux parties égales
et au juste milieu, font une impression toute différente de ceux qui se divisent, toujours aussi, en
deux parties inégales, mais pas constamment après
le même nombre de pieds; d'où il conclut que les
vers de quatre pieds doivent être considérés comme
étant d'une nature différente de ceux de cinq, ou de
trois pieds, quoiqu'ils appartiennent au même
rythme. Cet argument ne me persuade pas, et en
effet, l'expérience nous démontre le contraire. Nous
voyons dans les poésies des Anciens que l'hexamètre
et le pentamètre (j'ai, pour plus d'intelligence, conservé à chaque vers son nom le plus usité), marchent
toujours ensemble, et le P. Sacchi le premier a
prouvé que l'un était de cinq et l'autre de quatre
pieds. Nous avons vu encore que les trochaïques
de quatre pieds, et ceux de trois, étaient le plus souvent réunis dans la même ligne. Pour ce qui est des
poésies modernes, j'en donnerai tout-à-l'heure quelques exemples.

Je ne vois donc pas de raison positive qui empê-

che que les vers de différente dimension , appartenant au même rythme , ainsi que les mètres dont
ils se forment , ne puissent de tems à autre se mêler
entr'eux , à la satisfaction de l'oreille , au moins
lorsqu'ils se succèdent avec un certain ordre qu'il
appartient au Poëte de combiner à son gré. Je dis
un certain ordre , parce qu'outre que la variation ,
en pareil cas , est défectueuse par elle - même ,
comme contraire à l'unité qui doit caractériser les
productions du génie , on sent bien qu'un mélange
de vers irréguliers dans leur dimension , et irrégulièrement distribués , ne pourrait jamais convenir
au chant. Celui-ci , pour être agréable à l'oreille ,
veut une marche simple , aisée et régulière ; autrement il peut être altéré à chaque instant , et non-
seulement d'une strophe ou d'un couplet à l'autre ,
mais toutes les fois que l'irrégularité d'ordre dans
les vers se fera sentir. Aussi voyons-nous que les
bons Poëtes lyriques ont constamment observé une
régularité quelconque. Horace , le premier , en a
donné l'exemple dans ses odes. Peut-être , dira-t-on ,
que l'autorité des Anciens n'en est point une à notre
égard , parce que notre système poétique et musical
diffère du leur sous plusieurs rapports ; à la bonne
heure , je consens , si l'on veut , qu'on récuse cette
autorité , il en est assez d'autres parmi les modernes ;
et je n'ai choisi celle-là que par une suite de mon
respect pour l'antiquité.

Horace , puisque je suis en train de le citer, Horace, dis-je, a quelquefois fait usage, dans ses odes, de vers anapestiques de trois et de cinq pieds, comme :

Laudabunt alii claram Rhodon , aut Mytilenen ;
Aut Ephesum , bimarisve Corinthi :

et plus souvent il a mêlé l'ïambique de trois pieds avec celui de cinq, ou, comme nous dirions, l'eptasyllabe avec l'endécasyllabe. Le mélange de ces deux vers est des plus heureux : il est favorable au chant , plaît à l'oreille, et se prête aisément à divers genres d'expression; car à mesure qu'on augmente ou qu'on diminue le nombre des vers les plus courts comparativement aux plus longs , ou qu'on fait le contraire , le style devient plus soutenu , ou plus simple. Aussi ce mélange est-il très-fréquent , nonseulement dans les poésies lyriques , comme les odes ou les chansons de Pétrarque , mais encore dans plusieurs autres genres de poésie.

Por qu'an dichoso estado
a quel puede tenerse ,
que con pobre posada està contento,
pues vive descuidado ,
sin mas entremeterse ,
en hontas vanas , que se lleva el viento :
alegre en su apposento

no envidia de los Reyes
los levantados techos ,
que están quitando y añadiendo leyes ;
ni de sus tronos reales
los diamantes , zaphiros y cristales.

Les ïambiques de trois pieds s'unissent encore bien avec ceux de quatre pieds. Cette seconde manière est sur-tout fréquente dans les poésies de la langue anglaise.

Pope.

FATHER of all ! in ev'ry age ,
   In ev'ry clime , ador'd ,
By Saint , by Savage , and by Sage ,
   Jehovah , Jove , or Lord !

. . . .

. . . .

To Thee whose temple is all space ;
   Whose altar , earth , sea , skies !
One chorus let all being raise !
   All nature's incense rise !

Le mètre ou vers monomètre s'accorde avec toutes les différentes dimensions du vers qu'il engendre. L'ïambique de trois pieds réuni à un mètre , me paraît produire un effet agréable , comme on peut en juger par cet exemple.

Tu me croyais parjure :
Ah quelle erreur !
Répare donc l'injure
Faite à mon cœur.
Compte plus sur toi-même,
Sur tes attraits :
Quand c'est Chloris qu'on aime,
C'est pour jamais.

Ce que je viens de prouver, à l'égard des vers iambiques, doit s'appliquer à tous les autres, abstraction faite de l'infériorité de leur rythme.

Le mélange des vers hétérogènes, quoique désagréable de sa nature, peut néanmoins être admis si le changement du rythme est utile à rendre une image plus frappante, ou à mieux exprimer quelque sentiment. Je trouve dans le passage qui suit, déja cité en partie, une, je ne sais quelle vérité d'harmonie, qui, par le changement du rythme, semble inspirer à la fois la joie et la tranquillité.

S'è il signore
Mio Pastore,
S'ei mi regge
Qual suo gregge ;
Di che temer poss' io ? Che può mancarmi ?
Ei mi pone
Ne' primieri
D'Erbe ornati

Q 4

Verdi prati.
Dov' io torno a nudrirmi , e a riposarmi.

Au contraire , à quelle sorte d'expression pourrait jamais convenir le mélange extravagant dont
Salvini a fait usage dans les vers qu'on va lire ?
qui ne serait pas choqué par la dureté du passage
inattendu des uns aux autres ? et quel chant pourrait-on leur adapter ?

> O savio ingegno
> Del greco Anacreonte ,
> Alle rime audaci e pronte
> Oso adunque farti segno ?
> Tu qual onda di vago cristallo ,
> In cui faccian le Ninfe un bel ballo ,
> Scorrendo vai per prati
> Teneri delicati.

Mais pourquoi , dira-t-on , si le mélange du
premier exemple est permis , celui du second ne
le serait-il pas ? C'est que le premier est fait à propos , et avec régularité , et que le second n'a aucun
motif, ni aucun ordre. On change quelquefois de
mesure dans un morceau de Musique , et aux mêmes
conditions , le vers peut et doit en changer. Mais si
dans la Musique , on ne peut pas changer le genre
de la mesure à chaque instant , et arbitrairement ,
pourquoi pourrait-on en changer dans la poésie? Les

dithirambes semblent particulièrement être libres de la régularité du vers , parce qu'on imite en eux, le désordre d'une raison excessivement échauffée par le vin ; mais même en imitant ce désordre, il faut encore observer un certain ordre. *Amica est enim similitudo , dissimilitudo verò odiosa atque contraria.*

L'effet de l'harmonie , et parconséquent celui de l'expression , sera encore différent, si les vers les plus courts précèdent les plus longs, ou si les plus longs vont avant les plus courts ; si tous ont leur juste mesure , ou s'ils manquent ou surabondent ; ou, comme nous disons, si tous sont *tronchi, piani ,* ou *sdruccioli.* Le vers masculin , ou *tronco* (la structure à part) est le plus dur ; le féminin ou *piano ,* le plus doux et le plus soutenu ; le *sdrucciolo ,* le plus pressé et le plus flatteur : on conçoit que de leur mélange bien combiné , doit résulter une variété favorable.

Enfin un vers , de quelque espèce qu'il soit, qui ne renferme pas tous les accens qu'il devrait avoir, est le plus léger et le plus coulant , mais il est peu harmonieux et sans énergie. Le plus harmonieux et le plus agréable à l'oreille , est celui dans lequel chaque accent est à sa place ; mais il n'a pas beaucoup de gravité. La gravité s'augmente si l'ordre des accens y est un peu négligé, si l'on y admet des éli-

sions, si enfin les accens, étant en plus grand nombre qu'il n'est besoin, se trouvent placés l'un près
de l'autre, en sorte qu'il faille une attention plus
particulière, tant de la part de celui qui les exprime,
que de la part de celui qui les écoute, afin de distinguer ceux qui sont propres au vers, d'avec ceux
qui ne le sont pas. Au reste, ce que j'ai déja dit
sur cette matière, a mis à même de connaître les
facultés de ces diverses nuances, dont cependant il
ne faut user qu'avec sagesse; car plus elles charment
si elles sont rares, plus leur fréquence est désagréable. *Quantò molliores sunt,* (dit Cicéron) *et
delicatiores in cantu flexiones et falsæ voculæ,
quam certæ et severæ? Quibus tamen non modo
austeri, sed, si sæpius fiunt, multitudo ipsa
reclamat.*

Puisqu'il est évidemment prouvé (et nul, qui
sera de bonne foi, n'en pourra disconvenir) que
l'harmonie est le résultat de diverses proportions
produites l'une par l'autre, concluons enfin qu'elles
doivent toutes marcher d'un commun accord, par
la raison évidente que, si l'une se dérange, elle
rend fausses relativement toutes les autres, puisque
elle dérange et rompt l'accord de l'ensemble, et la
correspondance réciproque. Et comme il est également démontré que ces diverses proportions des sons
dans la Musique, ainsi que dans la poésie, sont le

résultat d'une distribution méthodique et régulière
de l'accent, il s'ensuit que les accens du chant et
ceux des mots, doivent, de nécessité, marcher de
pair et coïncider entr'eux. L'accent musical étant
prédominant de sa nature, imprime nécessairement
son caractere à toutes les syllabes qu'il rencontre,
comme il en prive, nécessairement aussi, toutes celles
qui devraient l'avoir, mais qu'il ne rencontre pas au
point où il se fait sentir; et l'on conçoit les contre-
sens qui résultent de là, et combien cette discor-
dance entre l'harmonie de la Musique et celle du
langage doit être désagréable à l'oreille. Lorsque ces
deux harmonies n'ont pas une même direction, l'une
doit infailliblement nuire à l'autre. Les mots forcés
de prendre l'accent musical perdent celui qui leur
est propre; et coupés ou césurés par cet accent de
la Musique, ils en sont aussi dénaturés, au point,
quelquefois de présenter un sens avec leurs premières syllabes et un autre sens avec les dernières,
ou de n'en présenter aucun. C'est en vain qu'un
chanteur habile cherchera à pallier la faute, pour
faire sentir l'accent mal placé du mot, il dérangera
celui du chant, et n'en exprimera aucun, comme il
faudrait qu'il le fit; la faute qu'il voulait corriger
existera toujours, et, au lieu d'une, son chant en
fera sentir deux. La difficulté de saisir les paroles
quand elles sont chantées, provient souvent de cette

opposition des accens poétiques et musicaux , et je ne sais , en pareil cas , si je dois applaudir à l'auditeur indulgent , ou plaindre la dureté de son oreille.

Au reste , ces fautes peuvent aussi bien venir de la part du poëte que de celle du musicien. Si le Poëte n'observe pas la marche de la mesure , et le rythme , s'il mêle , au gré de son caprice , les vers de différens genres , sans ordre et sans discernement, le musicien , forcé de se tenir dans les limites des proportions musicales , ne pourra jamais leur adapter un chant régulier , parce que , dans ce cas , la base de son travail serait fausse. Si le musicien , de son côté , déroge aux proportions essentielles des accens poétiques , soit qu'il n'en connaisse pas la valeur et l'importance , soit qu'il suppose n'être pas obligé de les suivre , il est certain qu'il n'en peut résulter qu'une harmonie discordante et désagréable. Le Poëte et le musicien doivent donc suivre tous les deux la même marche, et tous les deux se conformer aux lois qui reglent la division du tems ou la mesure. Quelques Poëtes , qui ne le sont que d'inspiration , et qui n'ont jamais pris la peine de réfléchir sur l'origine de leur Art , pourront croire mes observations bonnes pour celui qui aurait à composer pour le chant, mais inutiles à tout autre Poëte : celui qui penserait de la sorte se tromperait étrangement, et sa pensée ne serait pas d'accord avec son langage, puisque tout Poëte avoue qu'il *chante*. Quelque petite imperfection dans la structure des vers destinés au chant, peut facilement échapper à la sagacité de l'auditeur, parce que la Musique partage l'attention, et par sa marche rapide et continue ne laisse pas le tems à la réflexion : mais quand les vers sont seuls, leur moindre faute se fait remarquer, parce qu'elle est à découvert, et que le lecteur a tout le tems de l'examiner. Ainsi donc si mes remarques sont utiles aux vers faits pour être chantés, *a fortiori*, sont-elles indispensables pour ceux qu'on destinerait à la simple lecture.

Quelles que puissent être les opinions particulières, sur les préceptes que j'ai avancés, que j'ai rendus aussi évidents qu'il m'a été possible, et que je me suis toujours efforcé d'appuyer de l'autorité des hommes célèbres qui ont le mieux raisonné sur cette matière, et qui ont fait preuve de l'expérience la plus consommée, par le développement qu'ils ont donné aux principes de l'Art, et les exemples qu'ils nous ont laissés, il n'en sera pas moins vrai que l'harmonie ne se feint point, qu'elle est fondée sur des bases sûres et certaines, données par la nature; et qu'elle est très réellement le résultat des diverses proportions que j'ai, l'une après l'autre, démontrées;

proportions dont j'ai indiqué la source, les propriétés, l'emploi, et dont j'ai expliqué de combien, et de quelles modifications elles sont susceptibles ; il n'en sera pas moins vrai que l'oreille se plaît à ces proportions bien combinées, comme elle est choquée de leur déréglement ; il n'en sera pas moins vrai, enfin, que si l'oreille n'est pas pleinement satisfaite, toutes les beautés qu'un ouvrage musical ou poétique pourrait réunir sous d'autres rapports que ceux de la mesure, ou ne seront pas bien senties, ou ne seront pas bien accueillies, car :

> Le vers le mieux rempli, la plus noble pensée
> Ne peut plaire à l'esprit, quand l'oreille est blessée.

F I N.

TABLE DES CHAPITRES.

PREMIÈRE PARTIE.

CHAPITRE PREMIER.

(260)

CHAP. VIII.

Fin de la Table des Chapitres.

ERRATA.

Pag. 14, *lig.* 1, dans l'itonation, *lisez :* dans l'intonation.

Pag. 38, *lig.* 7, des notes, *lisez :* de notes.

Pag. 72, *lig.* 18, si raddopia, *lisez :* si raddoppia.

Pag. 75, *lig.* 13, amor, favor, dolor, *lisez :* amór, favór, dolór.

Pag. 84, *lig.* 10, distinctiono, *lisez :* distinctione.

Pag. 89, *lig.* 6, propable, *lisez :* probable.

Pag. 95, *lig.* 24, Gramaticus, *lisez :* Grammaticus.

Pag. 113, *lig.* 1, glaphyres | acide |, *lisez :* acide | glaphyres.

Idem, *lig.* 11, leussete | Dammerung, *lisez :* leuchtete Dämmerung.

Idem, *lig.* 13, jurions, *lisez :* furions.

Pag. 129, *lig.* 1, je ne crois pas les, *lisez :* je ne crois pas que les.

Pag. 139, *lig.* 4, chant, 3e. mes. G sol, *lisez :* E mi.

Pag. 140, *lig.* 18, que je ne mettrais pas, *lisez :* que je ne mettrai pas.

Pag. 143, *lig.* 20, in aliud onim, *lisez :* in aliud enim.

Idem, *lig.* 21, e metre, *lisez :* le metre.

Pag. 154, *dern. lig.*, observées des Anciens, *lisez :* pratiquées par les Anciens.

Pag. 156, *lig.* 6, en sens invers, *lisez :* en sens inverse.

Pag. 161, *lig.* 13, munterkeit, *lisez :* Munterkeit.

Pag. 173 , *lig.* 11 , junges volt in Külrlen , *lisez :* Junges Volk im Kühlen.

Idem , *lig.* 12 , Amor Kam , und stürbt , *lisez :* Amor kam, und stirbt.

Pag. 165 , *lig.* 8 , Lass düch Küssen , *lisez :* Lass dich küssen.

Idem , *lig.* 10 , Welch ein Bluck , *lisez :* Welch ein Blick.

Pag. 169 , *lig.* 6 , Zur Freveltat , *lisez :* Zur Frevelthat.

Pag. 172 , *lig* 9 , o Schone , *lisez :* o Schone.

Idem , *lig.* 14 , gewonten , *lisez :* gewhonten.

Pag. 173 , *lig.* 4 , Ein jeder Wort , *lisez :* Ein jedes Wort.

Pag. 175 , *lig.* 17 , ospile , *lisez :* ospite.

Pag. 176 , *lig.* 10 , che'l cor mi stringon , *lisez :* che'l cor mi stringono.

Pag. 177 , *lig.* 16 Wie herlich , *lisez :* Wie herrlich.

Idem , *lig.* 17 , Wie glanzt die sonne , *lisez :* Wie glanzt die Sonne.

Idem , *lig.* 18 , stimmen , *lisez :* Stimmen.

Idem , *lig.* 19 , Gestrauch , *lisez :* Gestrauch.

Idem , *dern.* *lig.* , Afects to nod , *lisez :* Affects to nod.

Pag. 179 , *lig.* 6 , durchs , blut , Blühender , *lisez :* durchs , Blut , blühender.

Pag. 180 , *der.* *lig.* , sueno , *lisez :* sueno.

Pag. 181 , *lig.* 1 , Schone , *lisez :* Schone.

Pag. 182 , *lig.* 3 , Aoril , *lisez :* Abril.

Pag. 186 , *chant,* 3ᵉ. *mes.* , C ut , *lisez :* E mi.

Pag. 188 , 3 *lig.* , de laquelle on ne peut s'écarter , *lisez :* qu'on ne peut indiquer.

Pag. 193 , *dern. mot*, grandamente , *lisez :* grandemente.

Pag. 198 , *lig.* 2 , Herein mir , *lisez :* Herein mit.

Idem, lig. 6 , Wie sorlich , *lisez :* Wie sorglich.

(264)

Pag. 205 , *lig.* 4 , Das Raubgefind , *lisez :* Das Raubgesind.

Pag. 211 , *lig.* 5 , Drobend eascholl donnergesang , *lisez :* Drohend erschall Donnergesang.

Idem , *lig.* 18 , cerca , *lisez :* ccrca.

Pag. 212 , *lig.* 16 , verlasst , *lisez :* verlässt.

Idem , *lig.* 17 , Soll est , *lisez :* Soll es.

Pag. 213 , *lig.* 26 , et infranri , *lisez :* e infranti.

Pag. 214 , *lig.* 23 , je crois utile , *lisez :* je crois inutile.

AVIS

SUR L'IMPRIMERIE DE LA MUSIQUE

EN CARACTERES MOBILES,

Brévetée d'invention et établie rue Neuve des Petits-Champs, N°. 4.

———

CET Établissement qui a eu quelque tems à lutter contre les passions rivales et qui a enfin triomphé, présente plusieurs avantages principaux, savoir : la beauté, la netteté, l'extrême précision de ses caracteres, la rapidité de l'exécution typographique, et enfin, une grande économie dans le prix de la Musique.

Ces avantages décident, sans replique, la question de supériorité entre l'imprimerie et la gravure; c'est donc rendre service au public et particulièrement aux personnes qui, soit par goût, soit par état, cultivent la Musique, que de saisir toutes les occasions de les entretenir d'un établissement si propre à en propager le goût.

On s'y charge de l'impression pour le compte des auteurs ou amateurs, de toutes sortes d'œuvres de Musique ou d'Ouvrages qui traitent de cet Art, et on accorde des facilités.

On y trouve toute espèce de Musique tant imprimée que gravée, et tant ancienne que moderne, ainsi que toutes les nouveautés.

On s'y abonne, en outre, à la collection d'Airs, Duo, Trio, etc., Extraits des Œuvres des plus célèbres Auteurs italiens, français et allemands, dont la première année est complette et la seconde au courant.

Cette Collection, l'une des mieux choisies qui ait paru jusqu'à ce jour, se divise par trimestres composés de douze Numéros de treize à quinze pages de Musique, chaque.

Le trimestre est de quinze francs , pour Paris , et de dix-huit francs pour les départemens et l'étranger.

Le tout franc de port , par la poste.